OEUVRES DE
MOLIÈRE

ILLUSTRATIONS
PAR

JACQUES LEMAN

L'ESCOLE DES FEMMES

PARIS
CHEZ J. LEMONNYER, LIBRAIRE-EDITEUR
53 BIS QUAI DES GRANDS AUGUSTINS
M.DCCC.LXXXII

OEUVRES

DE

J.-B. P. DE MOLIÈRE

L'ESCOLE DES FEMMES

JUSTIFICATION DU TIRAGE

Il a été fait pour les Amateurs un tirage spécial sur papier de luxe à 1,000 exemplaires, numérotés à la presse.

			NUMÉROS
125	exemplaires	sur papier du Japon.	1 à 125
75	—	sur papier de Chine.	126 à 200
200	—	sur papier Vélin à la cuve.	201 à 400
600	—	sur papier Vergé de Hollande	401 à 1000

(C.)

OEUVRES

DE

MOLIÈRE

ILLUSTRATIONS

PAR

JACQUES LEMAN

NOTICES

PAR

ANATOLE DE MONTAIGLON

PARIS

CHEZ J. LEMONNYER, LIBRAIRE-EDITEUR

53 BIS QUAI DES GRANDS AUGUSTINS

M.DCCC.LXXXII

L'ESCOLE
DES
FEMMES

1663

MAXIMES
DU
MARIAGE

Jacques Leman del.   J. Lemonnyer éditeur   Géry-Bichard sc

L'ESCOLE DES FEMMES.

Imp. Lallement.

A
MADAME

L'ESCOLE DES FEMMES

COMEDIE

PAR

J.B.P. MOLIERE

A PARIS

CHEZ GABRIEL QUINET. AU PALAIS

DANS LA GALLERIE DES PRISONNIERS

A L'ANGE GABRIEL

M.DC.LXIII

AVEC PRIVILEGE DU ROY

NOTICE

DE L'ESCOLE DES FEMMES

L y a trois ordres de questions à propos de l'*Escole des Femmes* : ses rapports et ses différences avec l'*Escole des Maris* — la campagne contre son succès, dont l'étude revient de droit à la Notice sur la prochaine Pièce de Molière, la *Critique de l'Escole des Femmes* — et d'abord la question de ses origines.

Les imitations et les ressouvenirs de détails sont nombreux. Quand Alain fait la comparaison de la femme au potage de l'homme, il se souvient de Panurge ; lorsque Arnolphe dit à Chrisalde : « Prêchez, patrocinez jusqu'à la Pentecôte », il emprunte une phrase de Pantagruel, et l'on voit, à plus d'un détail de son sermon sur l'obéissance de la Femme, qu'il a lu la *Sagesse* de Charron. La comparaison du jeu de dés vient des *Adelphes* de Térence. Il n'y a pas à faire venir les « Maximes du Mariage » de celles de la vieille Ysangrine de Glay dans la première Journée des *Evangiles des quenouilles*, puisqu'elles se rapportent, non pas à la conduite des Femmes, mais à celle des Maris. Ces étranges couplets, si bien en situation et qui ne font pas longueur, bien qu'on ait le tort d'en couper bon nombre au Théâtre, seraient bien dignes de n'avoir été que copiés dans quelque bouquin populaire ; mais, s'il avait existé, les contemporains de Molière, qui ont bien connu les vraies sources, n'auraient pas manqué de le connaître aussi et de lui reprocher un plagiat de plus ; ils ont bien dit que « l'impertinent *le* » avait été pris par lui dans une vieille chanson. La seule origine des « Maximes » qu'on ait depuis signalée se trouve dans l'*Asinaria* de Plaute, quand le Parasite lit à Diabolus les conventions d'un an qu'il a rédigées pour lui et qui doivent être suivies par sa Maîtresse, la Courtisane Philénion. Le thème et la situation sont tout autres, mais il y a des ressemblances de formes et d'idées qui sont indéniables.

Quant à la vieille entremetteuse, elle est partout, dans le Théâtre antique, dans le *Roman de la Rose*, comme dans la Célestine espagnole de Fernando de Rojas, qui est un chef-d'œuvre malgré sa longueur, et, tout à côté de Molière, il y a surtout l'admirable Macette de la treizième Satire de Mathurin Régnier.

Tout cela n'est que de passage ; ce sont d'intéressantes curiosités pour l'annotation et le commentaire, sans qu'elles portent en rien sur le fond. Quelle est donc l'ossature réelle de *L'Escole des Femmes* et sur quelle base est-elle construite ? Sur deux seules choses : d'abord sur la folle jalousie d'un homme qui, se connaissant bien là-dessus et pour s'assurer davantage contre les périls du mariage, élève à la brochette une enfant pour s'en faire une Femme, qui ne saurait être trop ignorante et trop sotte pour n'être dans sa main que comme une cire ; ensuite, lorsqu'il lui faut se défendre des entreprises d'un amoureux, la façon dont il sait à mesure et par le menu tout ce que pense et fait cet amoureux, qui lui apprend à lui-même où il en est et tout ce qui se prépare contre lui. C'est là toute l'action ; tout naît de ces deux données, tout en repart et tout y revient incessamment ; elles produisent la fin, comme elles ont produit le commencement et le milieu.

Or, sur ce point, les ennemis et les amis de Molière sont d'accord. Il a joint ces deux choses, il les a entremêlées et mises en œuvre, mais il ne les a pas inventées.

On a voulu plus tard faire venir en partie *L'Escole des Femmes* de la Nouvelle de Cervantès, *le Jaloux d'Estramadure*. Le vieux Carrizalès entretient en effet dans l'ignorance et l'isolement la jeune Léonor ; mais quand, après l'avoir épousée et l'avoir enfermée dans une forteresse, il découvre que toutes ses précautions ont été vaines, il en meurt de chagrin et, reconnaissant héroïquement son erreur, il fait son testament en faveur de sa Femme et lui ordonne en vain d'épouser celui qu'elle aime, car de remords elle se fait Religieuse. C'est une belle fin, bien Espagnole, et dont la moralité stoïque permet de mettre le récit au nombre des *Novellas exemplares;* mais Molière, qui savait l'Espagnol et les connaissait certainement, ne s'en est pas servi; il avait sous la main des choses plus voisines.

Donneau de Visé nous le dit dans ses *Nouvelles nouvelles :*

« Le sujet de ces deux Pièces (*L'Escole des Maris* et *L'Escole des Femmes*) n'est point de son invention; il est tiré de divers endroits, à savoir de Boccace, de Douville, de *La précaution inutile* de Scarron, et ce qu'il y a de plus beau dans la dernière est tiré d'un livre intitulé : *Les nuits facétieuses du Seigneur Straparole.* »

Le même auteur y revient dans la huitième scène de *Zélinde :*

« Pour ce qui est de *L'Escole des Femmes,* tout le monde sçait bien qu'Elomire n'a rien mis de luy dans le sujet, que *La précaution inutile* lui a fourni les premières idées, et qu'un jaloux y fait élever, aussi bien qu'Arnolphe, une fille dans un couvent; qu'il y est parlé de la Vieille, et que l'incident de l'armoire est tiré de cette mesme Nouvelle. L'on sçait bien aussi que la confidence qu'Horace fait à Arnolphe de son amour, qui, comme Elomire advoue luy mesme dans la *Critique,* est ce qui fait tout le brillant de sa Pièce, est une Histoire de Straparole. »

Dans *La Guerre comique,* ou la *Défense de l'Escole des Femmes,* Philippe de Lacroix, qui est un ami, n'est pas moins affirmatif quand il fait dire à son Alcidor :

« C'est aux despens des autres que Molière plaît tant. Il lit tous les livres satyriques, il pille dans l'Italien, il pille dans l'Espagnol, et il n'y a point de bouquin qui se sauve de ses mains. Il prend dans Boccace, il prend dans Douville, et son *Escole des Femmes* n'est qu'un pot-pourry de *La précaution inutile* et d'une Histoire de Straparole.

« PHILINTE. Je croy que *La précaution inutile* et les *Histoires* de Straparolle luy ont fourni quelque chose de son sujet, qu'il lit les Italiens et les Espagnols, qu'il en tire quelque idée dans l'occasion; mais le bon usage qu'il fait de ces choses le rend encor plus louable. Je voudrois bien sçavoir par quelle raison un *Autheur Comique* n'a pas la liberté de se servir des lectures qu'il fait. »

C'est répondre à merveille et de la façon la plus juste, mais le fait est réel, et ce n'est pas un mince honneur pour le pauvre Malade de la Reine et pour l'inventeur du Burlesque, que d'avoir pu servir à Molière et cette fois, et par son autre Nouvelle des *Hypocrites,* dont on retrouve quelque chose dans *Tartuffe;* Scarron n'en a rien su, puisqu'il est mort en 1660, mais lui-même en imitait d'autres dans *La précaution inutile,* la première de ses *Nouvelles Tragi-Comiques.* Tout le commencement de celle de Cervantès ne lui a pas été inutile ; mais ce qu'il imite encore plus directement, c'est la quarante-et-unième des *Cent Nouvelles,* où le Chevalier de Haynaut fait, la nuit, mettre à sa Femme le jaseran dont un amoureux la débarrasse ; c'est de la pure Farce et la grosse plaisanterie d'un vieux Fabliau. On la trouva gaie puisqu'en 1661. Dorimond, de la Troupe de Mademoiselle, — un méchant auteur qui avait du moins le flair des bons sujets, puisque sa *Femme industrieuse* est de même antérieure à *L'Escole des Maris* et que son *Festin de pierre* est antérieur à *Don Juan,* — fit jouer et imprimer chez Jean Ribou, en 1661, avec une dédicace à M. de Santigny, un petit acte en vers qu'il intitule *L'Escole des Cocus, ou La précaution inutile,* dans lequel il a mis au Théâtre tout le récit de Scarron, y compris la cotte de mailles.

Les deux œuvres étaient récentes, et tous les contemporains les connaissaient forcément si bien que Molière ne pouvait avoir la pensée de dissimuler l'emprunt. Au contraire, cela a dû être pour lui une raison de plus pour refaire à sa façon une idée qu'il trouvait bonne et même d'autant meilleure que le sujet était dans l'air. Cela lui est arrivé plus d'une fois.

Quant au comique en action, résultant des confidences naïves de l'amoureux à la seule personne à laquelle il devrait ne rien dire, cela vient de la quatrième Fable de la quatrième Nuit des *Histoires du Seigneur Straparole,* qu'on connaissait à merveille en France, depuis la fin du XVIe siècle, par la traduction de Jean Louveau et de Pierre de L'Arrivey; cela venait à Straparole de la seconde Nouvelle de la seconde Journée du *Pecorone,* écrit en 1378 par Ser Giovanni de Florence, et du *Novellino* de Masuccio. Dans le *Pecorone,* il s'agit d'un Maître en Droit, comme plus tard dans le Conte de La Fontaine; dans les *Facétieuses nuits,* il s'agit de Raymond Brunel, un Médecin de Padoue, où vient étudier Nérin, fils du Roi de Portugal. Sans le vouloir, le Médecin jette sa Femme dans les bras de Nérin, et celui-ci, qui ne le sait pas le mari de sa belle, lui raconte, jour par jour, comment il lui a échappé la veille et comment, le lende-main, il a un nouveau rendez-vous.

On voit combien Molière a changé et renouvelé le second thème. Tout en transfigurant celui de la première partie de la Nouvelle de

Scarron, il s'en est bien autrement inspiré. Si l'on voulait noter les ressemblances, il faudrait transcrire, non pas des phrases, mais des pages, et il ne devrait pas y avoir d'édition annotée de Molière sans la reproduction en appendice de la première moitié de *La précaution inutile*. Tout y est, la louange de la sotte, même laide, mise au-dessus de la belle qui a de l'esprit; l'objection du danger que la sotte se perde là où la femme d'esprit se pourra sauver; le choix de valets et de servantes stupides; les conseils maritaux que Don Pèdre, assis dans une chaire, donne à Laure qu'il fait tenir debout devant lui, et, alors que Plaute n'a fourni que des détails, là est peut-être l'idée générale des « Maximes du Mariage »; la sortie contre les Perruquières et les Revendeuses; enfin la ruse de la Vieille, disant à l'innocente Laure qu'elle rendra la vie, en le recevant, au pauvre Gentilhomme qu'elle a tué plus d'à moitié. Ce ne sont pas là des rencontres de hasard; mais qu'est-ce que cela prouve, et cela ôte-t-il quelque chose à la supériorité et à la profonde originalité de Molière? Il a pris son bien où il le trouvait, et il a changé en or ce qui n'était que du plomb.

Rien ne se fait de rien, et tout se refait incessamment. Marivaux a fait comme une copie de *L'Escole des Maris* dans son *Ecole des Mères*, et son seul tort a été de ne pas avoir créé un nouveau chef-d'œuvre. L'année dernière, dans un gros procès de propriété littéraire où M. Sardou se défendait à juste titre d'avoir fait sa *Fiammina* avec *Odette*, comme l'auteur de celle-ci prétendait, sous forme d'*argumentum*, qu'on lui avait tout pris, le sujet, le plan, les péripéties et le dénouement, M. Sardou répondait bien spirituellement :

« Supposons — que l'on me pardonne un tel blasphème — supposons que Uchard est Molière, et que je suis, moi, Beaumarchais... Il a fait jouer l'*Ecole des Femmes;* je fais jouer *Le Barbier de Séville*. Il m'accuse de plagiat, et il le prouve par le petit tableau suivant :

Argumentum de « l'Ecole des Femmes », ou du « Barbier de Séville »,
ad libitum.

« Arnolphe-Bartolo est le vieux tuteur d'une jeune Agnès-Rosine, et il est amoureux de sa pupille, qui ne peut pas le souffrir et qui lui préfère un jeune galant, Horace-Almaviva. C'est en vain qu'Arnolphe-Bartolo fait bonne garde et cherche à supprimer tous rapports entre Agnès-Rosine et Horace-Almaviva. La pupille est plus fine que son Argus, et, en dépit de toutes les ruses d'Arnolphe-Bartolo, elle trouve le moyen de correspondre avec Horace-Almaviva et même de le recevoir dans la maison de son tuteur, à l'insu de celui-ci. Enfin Arnolphe-Bartolo se décide à brusquer les choses par son mariage avec Agnès-Rosine; celle-ci en donne avis à son amant, et, au moment où le tuteur croit triompher, Agnès-Rosine se fait enlever par Horace-Almaviva et l'épouse à la barbe d'Arnolphe-Bartolo, qui est forcé de consentir à cette union.

« Et voilà *Le Barbier de Séville* bien convaincu d'être exactement la même Pièce que *L'Ecole des Femmes*.

« Il m'a suffi pour cela de procéder exactement comme Uchard; de supprimer, dans la dissection des deux Pièces, tout ce qui est la saveur propre, l'originalité, la force de chacune d'elles, tout ce qui distingue l'ingénieuse Rosine de l'ingénue Agnès, Bartolo d'Arnolphe, Almaviva d'Horace; de négliger l'intrigue, qui diffère, les scènes, qui n'ont rien de commun, le dialogue, le style, etc.; bref, tout ce qui fait de l'*Ecole des Femmes* une œuvre originale, bien à Molière, et du *Barbier de Séville* une œuvre personnelle, toute à Beaumarchais.

« Et, admirable résultat qui prouve bien la valeur du procédé Uchard, j'ai pu raconter tout *Le Barbier de Séville* sans prononcer une fois le nom de Figaro.

« Où trouverait-on une démonstration plus éclatante de cette vérité que j'affirmais tout à l'heure : Tout est dans la forme. Molière et Beaumarchais ont puisé l'idée de leurs Pièces à la même source, dans *La précaution inutile* de Scarron, qui l'avait empruntée aux *Facétieuses nuits* de Straparole, qui l'avait trouvée lui-même dans le *Pecorone* de Ser Giovanni, qui la tenait d'un autre, lequel, etc., et ainsi de suite jusqu'à la naissance du monde, où le premier barbon, amoureux de sa pupille, fut nécessairement trompé par elle pour un jeune blondin ».

Scarron et Straparole nous ramènent à *L'Escole des Femmes*, et à leur sujet on ne peut s'empêcher de remarquer qu'avant Molière l'histoire est toujours celle d'un mari trompé et par là tourne à la Farce. Lui a mis au contraire l'action avant le mariage, de sorte qu'Agnès n'a pas même à être coupable. Chez eux, le jeune homme est l'amoureux ordinaire, qui trompe et vit sur le commun. Les jeunes amoureux de Molière, car Horace n'est pas le seul, sont tout autres. Au lieu de courir après le pimenté et le faisandé, ils vont naturellement à la fraîcheur de la jeunesse et à l'honnêteté du mariage. C'est un tout autre monde que celui des Conteurs.

Donneau de Visé, dans ses *Nouvelles nouvelles*, a dit du sujet même de la Pièce de Molière:

« C'est plutôt l'*Escole des Maris* que l'*Escole des Femmes*; mais, comme il en a déjà fait une sous ce titre, il n'a pu lui donner le même nom. »

Rien n'est plus juste; la seconde est la suite autant que la contre-partie de la première. C'est le même sujet, l'erreur de croire que, réunir, d'un côté, l'ignorance et, de l'autre, la tyrannie puisse arriver aux fins que se proposent l'égoïsme et l'étroitesse d'esprit. Sganarelle et Arnolphe sont plus frères que Sganarelle et Ariste. Dans *L'Escole des Femmes* il n'y a plus qu'une jeune fille au lieu de deux; la ressemblance en eut été trop accusée si le même contraste s'était reproduit, mais l'excellent Ariste n'a pas tout à fait disparu. En devenant Chrisalde, le raisonneur s'amoindrit et outre un peu le comique; il est souvent le plus sensé du monde, mais, par moments et pour prendre, il est vrai, le contre-pied d'Arnolphe, il a des paradoxes d'une morale trop gaîment narquoise et paraît disposé à prendre bien facilement son parti des mésaventures conjugales.

C'est pourtant la même pièce refaite autrement, plus pensée, plus étudiée, plus fouillée et d'une portée plus haute. Il semble que, comme un Peintre fécond et puissant qui, sur un même sujet, réinvente une composition toute nouvelle, Molière, trouvant qu'il n'avait pas tout dit et qu'il n'avait pas encore assez peint et assez prouvé, ait voulu revenir sur le même sujet pour le traiter de nouveau et se satisfaire davantage. Ce n'est pas la seule fois dans son œuvre qu'on rencontre de ces reprises et, de ces refontes d'une idée, d'un sentiment, d'un caractère, d'une situation, et, lorsqu'une peinture antérieure se trouve ainsi reparaître, c'est toujours la seconde façon et comme sa rentrée qui a toujours le plus de force et d'accent, le plus de vérité et de profondeur.

On le voit bien dans Arnolphe. Sganarelle est un bonhomme qui s'est fait vieux à plaisir, qui a tous les rabachages, toutes les puérilités de la vieillesse; il a tout contre lui; il est laid et ridicule. Arnolphe n'est rien de cela; il y a trop d'années entre lui et Agnès, mais il n'est pas physiquement déplaisant; il est du monde, honnête homme, comme on disait, et dans la force de l'âge, puisqu'il a quarante-deux ans; s'il y avait mis du sien, s'il avait été moins fermé, il aurait facilement gagné le cœur d'Agnès, changé en amour sa reconnaissance filiale, et il n'aurait pas eu à craindre de voir prendre par un autre une place qu'il eût déjà occupée. Elle ne peut le voir que comme un maître, dont elle connaît plus l'indifférence ou la sévérité que la tendresse.

Qu'importe qu'il aime Agnès; quand il se montre à elle, il la malmène et lui fait peur. Ce qui lui arrive vient de lui seul, parce qu'il est froidement hautain, injuste, égoïste, dur jusqu'à la tyrannie. C'est sciemment, volontairement qu'il est tel; il a raisonné toute sa conduite, et son orgueil s'y admire; mais il s'est trompé à plein et il est puni par où il mérite de l'être. Chrisalde, qui le connaît et le juge bien, l'avertit et le conseille, mais rien ne peut avoir de prise sur la violence de ses entêtements, car au fond, tout en restant comique pour le spectateur, il se conduit en tout avec méchanceté et avec fourberie.

Mais, en même temps, comme il est bien tout d'une pièce, comme il faut la surprise de la fin pour l'assommer sans le convaincre, et ne lui laisser que la rage et la honte qui ne sortiront pas de son cœur. Le caractère est admirable de fermeté et de tenue, mais, comme Sganarelle, ce serait un triste portrait que Molière aurait tracé là de lui-même. Les apparentes ressemblances qu'on a cru y voir avec son propre mariage ne sont pas réelles; comme un poète, il a pu en partir pour broder et inventer à côté et en dehors; mais, pas plus ici que dans L'Escole des Maris, il n'a eu à peindre ses jalousies et ses douleurs, qui n'étaient pas encore venues. L'on oublie vraiment trop que la pièce a été écrite dans le courant de 1662 et que, quand elle fut jouée en Décembre, il n'y avait pas encore un an qu'il était marié.

Horace, au contraire d'Arnolphe, a toutes les séductions; il est jeune, il est épris, il est tendre, il est délicat. Seulement Molière n'a pas refait dans ce rôle le Valère de L'Escole des Maris; il a refait le Lélie des Contretemps. Lélie était aussi bien jeune et aimable, mais bien étourneau, et tout frais débarqué du pays de Braquerie. Horace est de même un étourdi, mais il n'est pas, comme Lélie, fertile en inventions malheureuses; il continue son erreur pendant toute la Pièce; il ne se préoccupe pas un instant de savoir ce que c'est que M. De La Souche, et le trouble où il voit si souvent Arnolphe ne l'avertit pas. Il est vrai qu'il est l'homme d'une seule idée, qui est son amour, et qu'Arnolphe, étant le vieil ami de son père, est aussi le sien; c'est lui qui doit être son confident et son recours, comme Molière le dit si bien lui-même dans La critique de l'Escole des Femmes (scène VII) :

« La beauté du sujet consiste dans cette confidence perpétuelle, et ce qui me paraît assez plaisant, c'est qu'un homme, qui a de l'esprit et qui est averti de tout par une innocente, qui est sa Maîtresse, et par un étourdi, qui est son rival, ne puisse avec cèla éviter ce qui lui arrive. »

Est-il utile d'insister sur la merveille du rôle d'Agnès, si supérieur à celui d'Isabelle, dont on excuse les adresses, tandis qu'on n'a rien à pardonner à l'honnête et charmante Agnès ? C'est le sourire, la joie et la lumière de *L'Escole des Femmes*. Arnolphe la croit sotte, et elle l'est tant qu'elle est seule avec lui, mais il se trompe comme en tout. C'est un charme que l'éclosion inconsciente de cet esprit endormi et de ce cœur jusque-là muet, que l'Amour éveille et à qui il donne l'intelligence et la parole. Quelle justesse et quelle mesure dans ses hardiesses innocentes et dans la droiture de sa franchise ; elle marche devant elle sans avoir de crainte et sans se douter du danger ; elle évite les piéges parce qu'elle ne les voit point et ne se laisse pas prendre aux raisonnements captieux, parce qu'elle ne parle que comme elle pense et qu'elle est l'honnêteté même. Peut-on voir rien de plus sain et de plus exquis que les sentiments de sa lettre, et n'est-elle pas tout entière dans ces deux adorables vers :

> *Que ne vous estes-vous, comme luy, fait aimer ?*
> *Horace, avec deux mots, en feroit plus que vous.*

Quoi de plus simple dans la pensée et dans la forme ? C'est la perfection de la fraîcheur et de la grâce. Aussi n'y a-t-il peut-être pas de rôle jeune qui soit plus charmant et plus heureux à bien jouer. Mademoiselle de Brie, qui le créa — car, au grand désespoir de ceux qui voient dans Agnès le portrait d'Armande Béjart et de Mademoiselle Molière, qui ne le joua jamais et n'était d'ailleurs pas encor montée sur les planches — Mademoiselle de Brie y fut si remarquable que, jusqu'à sa vieillesse, le public ne voulut pas qu'on l'y remplaçât.

Les trois personnages principaux sont si importants qu'on peut passer sur les gaîtés épisodiques de ceux qui, pour laisser à l'action le temps d'avancer aussi bien que pour en reposer et la varier, l'interrompent par de vrais intermèdes, sur les railleries de Chrisalde, sur les naïvetés d'Alain et de Georgette, sur les finesses du Notaire, si fièrement ferré sur toutes les cautelles et les embuscades des contrats de mariage, et enfin sur les mielleuses menées de la Vieille, qui est la seule faute d'Horace et qui répugnerait si on la voyait, car elle serait forcément longtemps en scène ; mais on ne la voit pas, et elle ne fait que passer dans un récit d'Agnès.

A ce propos, Voltaire a dit de *L'Ecole des Femmes* que la Pièce « est dans un genre tout nouveau et que, quoique toute en récits, elle est ménagée avec tant d'art que tout paraît être en action ». Lessing, en retournant le jugement de Voltaire, a dit autrement la même chose dans sa *Dramaturgie* : « Je croirais pouvoir dire plus justement de *L'Ecole des Femmes* qu'elle est toute en action quoique tout n'y paraisse être qu'en récits ». Si l'on pouvait rapprocher une Tragédie d'une Comédie, l'exemple n'est pas unique, car les quatre premiers actes des *Horaces* de Corneille ne sont presque qu'en récits, mais il n'importe. En fait d'art, tout est dans la réussite, partir de la fréquence des récits ne peut être ni un principe ni un procédé, mais peut se trouver une nécessité qu'il faut subir et une difficulté qu'il faut vaincre ; pour emprunter le refrain d'une vieille chanson du xviiie siècle, que j'ai entendu chanter il y a bien des années, du temps qu'on fredonnait encore :

> *C'est la façon de le faire*
> *Qui fait tout.*

On pourrait dire la même chose des monologues d'Arnolphe ; il y en a bien six ou sept, du reste très courts. D'ailleurs, puisqu'il ne se confie à personne, comment savoir ce qui se passe dans son esprit, et il est nécessaire de le savoir, si on ne le fait pas se le dire à lui-même et le faire être seul pour qu'il puisse penser tout haut.

L'on a critiqué aussi le manque d'action ; l'erreur est manifeste. On a beau dire qu'en réalité toutes les scènes entre Arnolphe et Agnès, et toutes celles entre Horace et Arnolphe roulent sur le même sujet et se répètent. Qu'on fasse, de suite et séparément, deux lectures, celle des scènes d'Agnès et celle des scènes d'Horace, on verra mieux, en les détachant ainsi du reste et en les suivant à part, combien elles montent et progressent, combien elles deviennent de plus en plus intéressantes et passionnées. Quelle différence de ton et de couleurs entre les deux premières scènes d'Arnolphe et d'Agnès :

> *La besogne à la main ; c'est un bon témoignage...*
> *. . . . . La promenade est belle...*

et celle du cinquième Acte :

Venez ; ce n'est pas là que je vous logeray,

la belle scène, comme on a dit du monologue de Sganarelle, et la première
où Arnolphe devienne touchant, parce que la profondeur de son dernier
amour, de cet amour qu'il entretient, qu'il prépare et qu'il cache depuis
des années, s'y révèle avec des accents si sincères qu'il excite enfin l'émo-
tion et la pitié. Au lieu d'être monotone et de piétiner sur place, l'action,
toute simple qu'elle soit, se varie et se développe en intérêt comme en
mouvement. Loin de tomber jamais, elle se trouve, au contraire, grandie
toujours.

  La seule critique qu'on ait justement pu faire porte sur l'invraisem-
blance, non pas du dénouement qui est le mariage inévitable, mais de la
complication romanesque qui l'amène. L'aventure est contée moins
longuement que dans *L'Etourdi*, mais la brièveté relative ne fait point
qu'on s'y intéresse davantage. Ce n'est pas de l'avoir coupée en distique
et de l'avoir facticement partagée entre deux personnages qui lui donne
plus de mouvement ; les interlocuteurs continuent si bien le sens et la
phrase que ce n'est qu'un seul couplet et qu'un dernier récit déguisé.
Mais plus d'importance et même de vraisemblance seraient ici inutiles.
La sortie d'Arnolphe a tout terminé, et cette unique faiblesse disparaît
dans le rayonnement du chef-d'œuvre.

  Boileau, qui s'y connaissait, l'a dit dès le premier jour dans ces belles
stances :

En vain mille jaloux esprits,   *Que tu ris agréablement !*
Molière, osent avec mépris   *Que tu badines savamment !*
Censurer ton plus bel ouvrage ; *Celui qui sut vaincre Numance,*
Sa charmante naïveté   *Qui mit Carthage sous sa loi,*
S'en va pour jamais d'âge en âge *Jadis, sous le nom de Térence,*
Enjouer la Postérité.   *Sut-il mieux badiner que toi ?*

Ta muse, avec utilité,   *Laisse gronder tes envieux ;*
Dit plaisamment la vérité ;   *Ils ont beau crier en tous lieux*
Chacun profite à ton Ecole ;   *Que c'est à tort qu'on te révère,*
Tout en est beau, tout en est bon, *Que tes vers n'ont rien de plaisant ;*
Et ta plus burlesque parole   *Si tu savais un peu moins plaire,*
Est souvent un docte Sermon.   *Tu ne leur déplairois pas tant.*

Les vers de Boileau sont partout, et rien n'est plus connu, mais ils sont si vrais, si justes, si noblement honorables pour celui qui les a écrits et pour celui auquel ils sont adressés, que personne ne regrettera de les avoir relus une fois de plus. Depuis la fin de décembre 1662 jusqu'à la moitié de mars 1663, *L'Escole des Femmes* avait été jouée quarante fois ; elle reprenait après les vacances de Pâques, à propos desquelles le Registre de Lagrange note l'honneur de la pension Royale de mille louis accordée à Molière sur l'État des Beaux-Esprits. Louis XIV était de l'avis de Boileau sur le mérite de *L'Escole des Femmes*, et sa faveur avait, au milieu du déchaînement des critiques, la valeur toute particulière de prendre hautement parti pour le Comédien et pour l'Auteur. Nous savons, par le *Remerciement au Roy*, à quel degré Molière en a été reconnaissant.

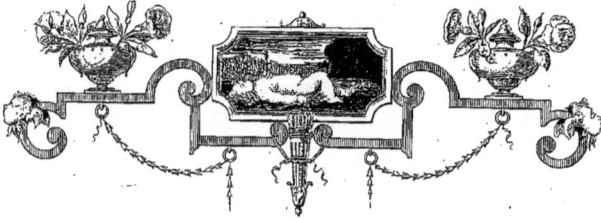

A MADAME

MADAME,

E suis le plus embarrassé homme du Monde lorsqu'il me faut dédier un Livre , et je me trouve si peu fait au style d'Epistre dédicatoire que je ne sçay par où sortir de celle-cy. Un autre Autheur qui seroit en ma place, trouveroit d'abord cent belles choses à dire de VOSTRE ALTESSE ROYALLE sur le titre de l'Escole des Femmes, et l'offre qu'il vous en feroit. Mais pour moy, MADAME, je vous avoue mon foible. Je ne sçay point cet art de trouver des rapports entre des choses si peu proportionnées, et, quelques belles lumières que mes Confrères les Autheurs me donnent tous les jours sur de pareils sujets, je ne voy point ce que VOSTRE ALTESSE ROYALLE pourroit avoir à démesler avec la Comédie que je luy présente. On n'est pas en peine, sans doute, comment il faut faire pour vous louer. La matière, MADAME, ne saute que trop aux yeux, et, de quelque costé qu'on vous regarde, on rencontre gloire sur gloire, et qualitez sur qualitez. Vous en avez, MADAME, du costé du rang et de la naissance, qui vous font respecter de toute la Terre. Vous en avez du costé des Grâces, et de l'Esprit, et du Corps, qui vous font admirer de toutes les personnes qui vous voyent. Vous en avez du costé de l'Ame, qui, si l'on ose parler ainsi, vous font aymer de tous ceux qui ont l'honneur d'approcher de vous. Je

VIII.   I *veux dire cette douceur, pleine de charmes, dont vous daignez tempérer la fierté des grands titres que vous portez ; cette bonté toute obligeante ; cette affabilité généreuse que vous faites paroistre pour tout le monde, et ce sont particulièrement ces dernières pour qui je suis, et dont je sens fort bien que je ne me pourray taire quelque jour. Mais encore une fois, Madame, je ne sçay point le biais de faire entrer icy des veritez si éclatantes, et ce sont choses, à mon advis, et d'une trop vaste estendue, et d'un mérite trop relevé, pour les vouloir renfermer dans une Epistre et les mesler avec des bagatelles. Tout bien considéré, Madame, je ne voy rien à faire icy pour moy, que de vous dédier simplement ma Comédie, et de vous asseurer, avec tout le respect qu'il m'est possible, que je suis*

DE VOTRE ALTESSE ROYALLE,

MADAME,

*Le très-humble, très-obéissant
et très-obligé serviteur,*

J.-B. MOLIERE

PRÉFACE

IEN des gens ont frondé d'abord cette Comédie, mais les rieurs ont esté pour elle, et tout le mal qu'on en a pu dire n'a pu faire qu'elle n'ait eu un succez dont je me contente. Je sçay qu'on attend de moy, dans cette impression, quelque Préface, qui responde aux censeurs et rende raison de mon Ouvrage, et sans doute que je suis assez redevable à toutes les personnes qui luy ont donné leur approbation pour me croire obligé de deffendre leur jugement contre celuy des autres; mais il se trouve qu'une grande partie des choses que j'aurois à dire sur ce sujet est déjà dans une Dissertation que j'ay faite en Dialogue, et dont je ne sçay encore ce que je feray. L'idée de ce Dialogue, ou, si l'on veut, de cette petite Comédie, me vint après les deux ou trois premières représentations de ma Pièce. Je la dis, cette idée, dans une maison où je me trouvay un soir; et d'abord une personne de qualité, dont l'esprit est assez connu dans le monde et qui me fait l'honneur de m'aymer, trouva le projet assez à son gré, non seulement pour me solliciter d'y mettre la main, mais encore pour l'y mettre luy-mesme;

et je fus estonné que deux jours après il me monstra toute l'affaire exécutée, d'une manière, à la vérité, beaucoup plus galante et plus spirituelle que je ne puis faire, mais où je trouvay des choses trop advantageuses pour moy, et j'eus peur que, si je produisois cet Ouvrage sur nostre Théâtre, on ne m'accusast d'abord d'avoir mendié les louanges qu'on m'y donnoit. Cependant cela m'empescha, par quelque considération, d'achever ce que j'avois commencé. Mais tant de gens me pressent tous les jours de le faire que je ne sçay ce qui en sera, et cette incertitude est cause que je ne mets point dans cette Préface ce qu'on verra dans la *Critique*, en cas que je me résolve à la faire paroistre. S'il faut que cela soit, je le dis encore, ce sera seulement pour vanger le public du chagrin délicat de certaines gens ; car, pour moy, je m'en tiens assez vangé par la réussite de ma Comédie, et je souhaite que toutes celles que je pourray faire soient traittées par eux comme celle-cy, pourveu que le reste suive de mesme.

Extraict du Privilège du Roy.

Par Grâce et Privilège du Roy, donné à Paris le 4 Février 1663, signé: par le Roy en son Conseil : Guitonneau, *il est permis à* Guillaume de Luyne, *Marchand Libraire de nostre bonne Ville de Paris, de faire imprimer une Pièce de Théâtre de la composition du Sieur* Molière, *intitulée* l'Escole des Femmes, *pendant le temps de six années; et deffences sont faites à toutes personnes, de quelque qualité et condition qu'elles soient, d'imprimer, vendre, ny débiter ladite Comédie de* l'Escole des Femmes, *à peine (de) mille livres d'amande, et de tous despens, dommages et interests, comme il est plus amplement porté par lesdites Lettres.*

Achevé d'imprimer pour la première fois, le 17 Mars 1663.

Les exemplaires ont esté fournis.

Registré sur le Livre de la Communauté des Marchands Libraires et Imprimeurs, le 16 Mars 1663.

Signé : Dubray, Syndic.

Et ledit de Luyne a fait part du Privilège cy-dessus aux sieurs Sercy, Joly, Billaine, Loyson, Guignard, Barbin et Quinet, pour en jouir le temps porté par iceluy.

ARNOLPHE, autrement Monsieur de La Souche.

AGNÈS, jeune fille innocente, élevée par Arnolphe.

HORACE, Amant d'Agnès.

ALAIN, Paysan, Valet d'Arnolphe.

GEORGETTE, Paysanne, Servante d'Arnolphe.

CHRYSALDE, Amy d'Arnolphe.

ENRIQUE, Beau-frère de Chrysalde.

ORONTE, Père d'Horace, et grand amy d'Arnolphe.

La Scène est dans une Place de Ville.

L'ESCOLE
DES
FEMMES
COMEDIE

M.DC.LXII.

ACTE PREMIER

SCÈNE PREMIÈRE

CHRISALDE, ARNOLPHE

CHRISALDE

ous venez, dites-vous, pour
luy donner la main ?

ARNOLPHE

Ouy. Je veux terminer la
chose dans demain.

CHRISALDE

Nous sommes icy seuls, et
l'on peut, ce me semble,
Sans craindre d'estre ouïs, y discourir ensemble.
Voulez-vous qu'en amy je vous ouvre mon cœur ?

Vostre dessein, pour vous, me fait trembler de peur,
Et, de quelque façon que vous tourniez l'affaire,
Prendre Femme est à vous un coup bien téméraire.

ARNOLPHE

Il est vray, nostre amy. Peut-estre que chez vous
Vous trouvez des sujets de craindre pour chez nous,
Et vostre front, je croy, veut que du Mariage
Les cornes soient par tout l'infaillible Apanage.

CHRISALDE

Ce sont coups du Hazard, dont on n'est point garand,
Et bien sot, ce me semble, est le soin qu'on en prend;
Mais, quand je crains pour vous, c'est cette raillerie
Dont cent pauvres Maris ont souffert la furie;
Car enfin vous sçavez qu'il n'est grands, ny petits,
Que de vostre critique on ait veus garantis;
Que vos plus grands plaisirs sont, partout où vous estes,
De faire cent éclats des intrigues secrettes...

ARNOLPHE

Fort bien. Est-il au Monde une autre Ville aussi
Où l'on ait des Maris si patients qu'icy?
Est-ce qu'on n'en voit pas de toutes les espèces,
Qui sont accommodez chez eux de toutes pièces?
L'un amasse du bien, dont sa Femme fait part
A ceux qui prennent soin de le faire Cornard;

L'autre, un peu plus heureux, mais non pas moins infâme,
Voit faire tous les jours des présens à sa Femme,
Et d'aucun soin jaloux n'a l'esprit combattu,
Parce qu'elle luy dit que c'est pour sa vertu.
L'un fait beaucoup de bruit, qui ne luy sert de guères ;
L'autre en toute douceur laisse aller les affaires,
Et, voyant arriver chez luy le Damoiseau,
Prend fort honnestement ses gands et son manteau.
L'une, de son Galant, en adroite Femelle,
Fait fausse confidence à son Espoux fidelle,
Qui dort en seureté sur un pareil appas,
Et le plaint, ce Galant, des soins qu'il ne perd pas ;
L'autre, pour se purger de sa magnificence,
Dit qu'elle gagne au jeu l'argent qu'elle dépense,
Et le Mary benest, sans songer à quel jeu,
Sur les gains qu'elle fait rend des grâces à Dieu.
Enfin, ce sont par tout des sujets de Satyre,
Et, comme spectateur, ne puis-je pas en rire ?
Puis-je pas de nos Sots...

CHRISALDE

　　　　　　　Ouy ; mais qui rit d'autruy
Doit craindre qu'en revanche on rie aussi de luy.
J'entens parler le monde, et des gens se délassent
A venir débiter les choses qui se passent.
Mais, quoy que l'on divulgue aux endroits où je suis,

Jamais on ne m'a veu triompher de ces bruits.
J'y suis assez modeste, et bien qu'aux occurrences
Je puisse condamner certaines tolérances,
Que mon dessein ne soit de souffrir nullement
Ce que quelques Maris souffrent paisiblement,
Pourtant je n'ay jamais affecté de le dire ;
Car enfin il faut craindre un revers de Satyre,
Et l'on ne doit jamais jurer, sur de tels cas,
De ce qu'on pourra faire, ou bien ne faire pas.
Ainsi, quand à mon front, par un Sort qui tout meine,
Il seroit arrivé quelque disgrâce humaine,
Après mon procédé, je suis presque certain
Qu'on se contentera de s'en rire sous main,
Et peut-estre qu'encor j'auray cet avantage
Que quelques bonnes gens diront que c'est dommage.
Mais de vous, cher Compère, il en est autrement ;
Je vous le dis encor, vous risquez diablement.
Comme sur les Maris, accusez de souffrance,
De tout temps vostre langue a daubé d'importance,
Qu'on vous a veu contr'eux un Diable déchaîné,
Vous devez marcher droit pour n'estre point berné,
Et, s'il faut que sur vous on ait la moindre prise,
Gare qu'aux Carrefours on ne vous tympanise,
Et...

ARNOLPHE

Mon Dieu, nostre amy, ne vous tourmentez point.

Bien huppé qui pourra m'attraper sur ce poinct;
Je sçay les tours rusez et les subtiles trames
Dont, pour nous en planter, sçavent user les Femmes,
Et comme on est dupé par leurs dextéritez. ,
Contre cet accident j'ay pris mes seuretez,
Et celle que j'épouse a toute l'innocence
Qui peut sauver mon front de maligne influence.

CHRISALDE

Et que prétendez-vous qu'une Sotte, en un mot...

ARNOLPHE

Épouser une Sotte, est pour n'estre point Sot.
Je crois, en bon Chrestien, vostre moitié fort sage;
Mais une Femme habile est un mauvais présage,
Et je sçay ce qu'il couste à de certaines gens
Pour avoir pris les leurs avec trop de talens.
Moy, j'irois me charger d'une Spirituelle,
Qui ne parleroit rien que Cercle et que Ruelle?
Qui de Prose, et de Vers, feroit de doux écrits,
Et que visiteroient Marquis et beaux Esprits,
Tandis que, sous le nom du Mary de Madame,
Je serois comme un Saint que pas un ne réclame?
Non, non; je ne veux point d'un Esprit qui soit haut,
Et Femme qui compose en sçait plus qu'il ne faut.
Je prétens que la mienne, en clartez peu sublime,
Mesme ne sçache pas ce que c'est qu'une Rime;

Et, s'il faut qu'avec elle on joue au Corbillon
Et qu'on vienne à luy dire, à son tour : *Qu'y met-on?*
Je veux qu'elle réponde : *Une tarte à la crème*;
En un mot, qu'elle soit d'une ignorance extrème,
Et c'est assez pour elle, à vous en bien parler,
De sçavoir prier Dieu, m'aimer, coudre et filer.

CHRISALDE

Une Femme stupide est donc votre Marotte ?

ARNOLPHE

Tant, que j'aimerois mieux une laide, bien sotte,
Qu'une Femme fort belle, avec beaucoup d'esprit.

CHRISALDE

L'esprit et la beauté...

ARNOLPHE

L'honnesteté suffit.

CHRISALDE

Mais comment voulez-vous, après tout, qu'une beste
Puisse jamais sçavoir ce que c'est qu'estre honneste ?
Outre qu'il est assez ennuyeux, que je croy,
D'avoir toute sa vie une beste avec soy,
Pensez-vous le bien prendre, et que, sur vostre idée,
La seureté d'un front puisse estre bien fondée ?
Une Femme d'esprit peut trahir son devoir,

Mais il faut, pour le moins, qu'elle ose le vouloir,
Et la stupide au sien peut manquer d'ordinaire
Sans en avoir l'envie et sans penser le faire.

ARNOLPHE

A ce bel argument, à ce discours profond,
Ce que Pantagruel à Panurge répond :
« Pressez-moy de me joindre à Femme autre que Sotte ;
Preschez, patrocinez jusqu'à la Pentecoste,
Vous serez ébahy, quand vous serez au bout,
Que vous ne m'aurez rien persuadé du tout. »

CHRISALDE

Je ne vous dis plus mot.

ARNOLPHE

                    Chacun a sa méthode.
En Femme, comme en tout, je veux suivre ma mode.
Je me voy riche assez pour pouvoir, que je croy,
Choisir une moitié qui tienne tout de moy,
Et de qui la soumise et pleine dépendance
N'ait à me reprocher aucun bien, ny naissance.
Un air doux et posé, parmy d'autres enfans,
M'inspira de l'amour pour elle dès quatre ans ;
Sa Mère se trouvant de pauvreté pressée,
De la luy demander il me vint la pensée,
Et la bonne Paisanne, apprenant mon desir,

A s'oster cette charge eut beaucoup de plaisir.
Dans un petit Convent, loin de toute pratique,
Je la fis élever selon ma politique,
C'est à dire, ordonnant quels soins on employroit
Pour la rendre idiote autant qu'il se pourroit.
Dieu mercy, le succès a suivy mon attente ;
Et grande, je l'ay veue à tel poinct innocente
Que j'ay bény le Ciel d'avoir trouvé mon fait
Pour me faire une Femme au gré de mon souhait.
Je l'ay donc retirée, et, comme ma demeure
A cent sortes de monde est ouverte à toute heure,
Je l'ay mise à l'écart, comme il faut tout prévoir,
Dans cette autre Maison, où nul ne me vient voir ;
Et, pour ne point gâter sa bonté naturelle,
Je n'y tiens que des Gens tout aussi simples qu'elle.
Vous me direz : Pourquoy cette narration ?
C'est pour vous rendre instruit de ma précaution.
Le résultat de tout est qu'en Amy fidelle,
Ce soir, je vous invite à souper avec elle ;
Je veux que vous puissiez un peu l'examiner,
Et voir si de mon choix on doit me condamner.

CHRISALDE

J'y consens.

ARNOLPHE

Vous pourrez, dans cette conférence,

Juger de sa personne et de son innocence.

CHRISALDE

Pour cet article-là, ce que vous m'avez dit
Ne peut...

ARNOLPHE

La vérité passe encor mon récit.
Dans ses simplicitez à tous coups je l'admire,
Et parfois elle en dit, dont je pâme de rire.
L'autre jour, pourroit-on se le persuader ?
Elle estoit fort en peine, et me vint demander,
Avec une innocence à nulle autre pareille,
Si les enfans qu'on fait se faisoient par l'oreille.

CHRISALDE

Je me réjouis fort, Seigneur Arnolphe...

ARNOLPHE

Bon !
Me voulez-vous toujours appeller de ce nom ?

CHRISALDE

Ah ! malgré que j'en aye, il me vient à la bouche,
Et jamais je ne songe à Monsieur de la Souche.
Qui Diable vous a fait aussi vous aviser,
A quarante et deux ans, de vous débaptiser,
Et d'un vieux tronc pourry de vostre Métairie
Vous faire dans le Monde un nom de Seigneurie ?

ARNOLPHE

Outre que la Maison par ce nom se connaist,
La Souche, plus qu'Arnolphe, à mes oreilles plaist.

CHRISALDE

Quel abus de quitter le vray nom de ses Pères,
Pour en vouloir prendre un basty sur des chimères !
De la pluspart des gens c'est la démangeaison,
Et, sans vous embrasser dans la comparaison,
Je sçais un Païsan, qu'on appelloit Gros-Pierre,
Qui, n'ayant pour tout bien qu'un seul quartier de terre,
Y fit tout à l'entour faire un fossé bourbeux,
Et de Monsieur de l'Isle en prit le nom pompeux.

ARNOLPHE

Vous pourriez vous passer d'exemples de la sorte,
Mais enfin De La Souche est le nom que je porte ;
J'y vois de la raison, j'y trouve des appas,
Et m'appeller de l'autre est ne m'obliger pas.

CHRISALDE

Cependant la pluspart ont peine à s'y soumettre,
Et je voy mesme encor des adresses de Lettre...

ARNOLPHE

Je le souffre aisément de qui n'est pas instruit ;
Mais vous...

CHRISALDE

Soit. Là-dessus nous n'aurons point de bruit,
Et je prendrai le soin d'accoustumer ma bouche
A ne plus vous nommer que Monsieur De La Souche.

ARNOLPHE

Adieu. Je frappe icy pour donner le bon jour,
Et dire seulement que je suis de retour.

CHRISALDE, *s'en allant :*

Ma foi, je le tiens fou de toutes les manières.

ARNOLPHE

Il est un peu blessé sur certaines matières.
Chose étrange de voir comme avec passion
Un chacun est chaussé de son opinion !
— Holà...

SCÈNE II

ALAIN, GEORGETTE, ARNOLPHE

ALAIN

Qui heurte ?

ARNOLPHE

Ouvrez. — On aura, que je pense,
Grande joye à me voir, après dix jours d'absence.

ALAIN

Qui va là ?

AR NOLPHE

Moy.

ALAIN

Georgette ?

GEORGETTE

Hé bien ?

ALAIN

Ouvre là bas.

GEORGETTE

Vas-y, toy.

ALAIN

Vas-y, toy.

GEORGETTE

Ma foy, je n'iray pas.

ALAIN

Je n'iray pas aussi.

ARNOLPHE

Belle cérémonie
Pour me laisser dehors ! Holà ho ! je vous prie.

GEORGETTE

Qui frape ?

ARNOLPHE

Vostre Maistre.

GEORGETTE

Alain !

ALAIN

Quoy ?

GEORGETTE

C'est Monsieur.

Ouvre viste.

ALAIN

Ouvre, toy.

GEORGETTE

Je souffle nostre feu.

ALAIN

J'empesche, peur du Chat, que mon Moineau ne sorte.

ARNOLPHE

Quiconque de vous d'eux n'ouvrira pas la porte
N'aura point à manger de plus de quatre jours.
Ha !

GEORGETTE

Par quelle raison y venir, quand j'y cours ?

ALAIN

Pourquoy plutost que moi? Le plaisant strodagème !

GEORGETTE

Oste-toy donc de là !

ALAIN

Non ; oste-toy, toy-même !

GEORGETTE

Je veux ouvrir la porte.

ALAIN

Et je veux l'ouvrir, moy.

GEORGETTE

Tu ne l'ouvriras pas.

ALAIN

Ny. toy non plus.

GEORGETTE

Ny toy.

ARNOLPHE

Il faut que j'aye icy l'âme bien patiente !

ALAIN

Au moins, c'est moy, Monsieur.

GEORGETTE

Je suis votre servante ;

C'est moy.

ALAIN

Sans le respect de Monsieur que voilà,

Je te...

ARNOLPHE, *recevant un coup d'Alain :*

Peste !

ALAIN

Pardon.

ARNOLPHE

Voyez ce lourdaut là.

ALAIN

C'est elle aussi, Monsieur.....

ARNOLPHE

Que tous deux on se taise.
Songez à me répondre, et laissons la fadaise.
Hé bien, Alain, comment se porte-t'on icy ?

ALAIN

Monsieur, nous nous... Monsieur, nous nous por... Dieu mercy,
Nous nous...

Arnolphe oste par trois fois le chapeau de dessus la teste d'Alain.

ARNOLPHE

Qui vous apprend, impertinente beste,
A parler, devant moi, le chapeau sur la teste ?

ALAIN

Vous faites bien, j'ay tort.

ARNOLPHE, *à Alain :*

Faites descendre Agnès.

A Georgette :

Lors que je m'en allay, fut-elle triste après ?

GEORGETTE

Triste ? Non.

ARNOLPHE

     Non !

GEORGETTE

      Si fait.

ARNOLPHE

       Pourquoy donc...

GEORGETTE

          Ouy, je meure,
Elle vous croyoit voir de retour à toute heure,
Et nous n'oyions jamais passer, devant chez nous,
Cheval, Asne, ou Mulet, qu'elle ne prist pour vous.

SCÈNE III

AGNÈS, ALAIN, GEORGETTE, ARNOLPHE

ARNOLPHE

La besogne à la main ! C'est un bon témoignage.
Hé bien, Agnès, je suis de retour du voyage ;
En estes-vous bien aise ?

AGNÈS

       Ouy, Monsieur, Dieu mercy.

ARNOLPHE

Et moy, de vous revoir je suis bien aise aussi.
Vous vous estes toûjours, comme on voit, bien portée ?

AGNÈS

Hors les puces, qui m'ont la nuit inquiétée.

ARNOLPHE

Ah ! Vous aurez dans peu quelqu'un pour les chasser.

AGNÈS

Vous me ferez plaisir.

ARNOLPHE

                    Je le puis bien penser.
Que faites-vous donc là ?

AGNÈS

                    Je me fais des Cornettes.
Vos Chemises de nuit et vos Coiffes sont faites.

ARNOLPHE

Ha ! Voilà qui va bien. Allez ; montez là-haut.
Ne vous ennuyez point ; je reviendray tantost,
Et je vous parleray d'affaires importantes.
                    Tous estans rentrez :
Héroïnes du temps, Mesdames les Sçavantes,
Pousseuses de tendresse et de beaux sentimens,
Je défie à la fois tous vos Vers, vos Romans,

Vos Lettres, Billets doux, toute vostre Science,
De valoir cette honneste et pudique ignorance.

SCÈNE IV

HORACE, ARNOLPHE

ARNOLPHE

Ce n'est point par le bien qu'il faut estre ébloüy,
Et, pourveu que l'honneur soit... Que vois-je ? Est-ce ? Ouy.
Je me trompe. Nenny. Si fait. Non, c'est luy-mesme.
Hor...

HORACE

Seigneur Ar...

ARNOLPHE

Horace.

HORACE

Arnolphe.

ARNOLPHE

Ah, joye extrême!

Et depuis quand icy ?

HORACE

Depuis neuf jours.

ARNOLPHE

Vrayment !

HORACE

Je fus d'abord chez vous, mais inutilement.

ARNOLPHE

J'estois à la campagne.

HORACE

Ouy, depuis deux journées.

ARNOLPHE

O, comme les enfants croissent en peu d'années !
J'admire de le voir au poinct où le voilà,
Après que je l'ay veu pas plus grand que cela.

HORACE

Vous voyez.

ARNOLPHE

Mais, de grâce, Oronte, vostre père,
Mon bon et cher amy, que j'estime et revère,
Que fait-il [à présent] ? Est-il toujours gaillard ?
A tout ce qui le touche il sçait que je prens part.
Nous ne nous sommes veus depuis quatre ans ensemble,
Ny, qui plus est, écrit l'un à l'autre, me semble.

HORACE

Il est, Seigneur Arnolphe, encor plus gay que nous,
Et j'avois de sa part une Lettre pour vous ;
Mais depuis, par une autre, il m'apprend sa venue,
Et la raison encor ne m'en est pas connue.

VIII.   4

Sçavez-vous qui peut estre un de vos Citoyens
Qui retourne en ces lieux avec beaucoup de biens
Qu'il s'est, en quatorze ans, acquis dans l'Amérique ?

ARNOLPHE

Non. [Mais] vous a-t-on dit comme on le nomme ?

HORACE

Enrique.

ARNOLPHE

Non.

HORACE

Mon Père m'en parle, et qu'il est revenu,
Comme s'il devoit m'estre entièrement connu,
Et m'écrit qu'en chemin ensemble ils se vont mettre
Pour un fait important, que ne dit point sa Lettre.

ARNOLPHE

J'auray certainement grande joye à le voir,
Et pour le régaler, je feray mon pouvoir.

Après avoir leu la Lettre :

Il faut, pour des Amis, des Lettres moins civiles,
Et tous ces complimens sont choses inutiles ;
Sans qu'il prist le soucy de m'en écrire rien,
Vous pouvez librement disposer de mon bien.

HORACE

Je suis homme à saisir les gens par leurs paroles,
Et j'ay présentement besoin de cent pistoles.

ARNOLPHE

Ma foy, c'est m'obliger que d'en user ainsi,
Et je me réjouis de les avoir icy.
Gardez aussi la bourse.

HORACE

Il faut...

ARNOLPHE

Laissons ce stile.
Hé bien, comment encor trouvez-vous cette Ville ?

HORACE

Nombreuse en Citoyens, superbe en bastimens,
Et j'en croy merveilleux les divertissemens.

ARNOLPHE

Chacun a ses plaisirs, qu'il se fait à sa guise,
Mais, pour ceux que du nom de Galans on baptise,
Ils ont en ce Païs de quoy se contenter,
Car les Femmes y sont faites à coquetter.
On trouve d'humeur douce et la brune et la blonde,
Et les Maris aussi les plus bénins du monde ;
C'est un plaisir de Prince, et des tours que je voy
Je me donne souvent la Comédie à moy.
Peut-estre en avez-vous déjà féru quelqu'une.
Vous est-il point encore arrivé de fortune ?
Les gens faits comme vous font plus que les écus,
Et vous estes de taille à faire des Cocus.

HORACE

A ne vous rien cacher de la vérité pure,
J'ay d'amour en ces lieux eu certaine avanture,
Et l'amitié m'oblige à vous en faire part.

ARNOLPHE

Bon ! Voicy de nouveau quelque conte gaillard,
Et ce sera de quoy mettre sur mes tablettes.

HORACE

Mais, de grâce, qu'au moins ces choses soient secrettes.

ARNOLPHE

Oh !

HORACE

   Vous n'ignorez pas qu'en ces occasions
Un secret éventé rompt nos prétentions.
Je vous avoueray donc, avec pleine franchise,
Qu'ici d'une Beauté mon âme s'est éprise.
Mes petits soins d'abord ont eu tant de succès
Que je me suis chez elle ouvert un doux accès,
Et, sans trop me vanter ni luy faire une injure,
Mes affaires y sont en fort bonne posture.

ARNOLPHE, *riant* :

Et c'est ?

HORACE, *luy montrant le logis d'Agnès* :

Un jeune objet, qui loge en ce logis,

Dont vous voyez d'icy que les murs sont rougis ;
Simple, à la vérité, par l'erreur sans seconde
D'un homme qui la cache au commerce du Monde,
Mais qui, dans l'ignorance où l'on veut l'asservir,
Fait briller des attraits capables de ravir ;
Un air tout engageant, je ne sçay quoy de tendre
Dont il n'est point de cœur qui se puisse défendre.
Mais, peut-estre, il n'est pas que vous n'ayez bien veu
Ce jeune Astre d'amour de tant d'attraits pourveu.
C'est Agnès qu'on l'appelle.

ARNOLPHE, *à part:*

Ah, je crève !

HORACE

Pour l'homme,
C'est, je crois, de La Zousse, ou Source, qu'on le nomme.
Je ne me suis pas fort arresté sur le nom ;
Riche, à ce qu'on m'a dit, mais des plus sensez, non,
Et l'on m'en a parlé comme d'un Ridicule.
Le connoissez-vous point ?

ARNOLPHE, *à part :*

La fâcheuse pilule !

HORACE

Eh ! vous ne dites mot ?

ARNOLPHE

Eh ouy, je le connoy.

HORACE

C'est un fou, n'est-ce pas ?

ARNOLPHE

Eh...

HORACE

Qu'en dites-vous ? Quoy ?
Eh, c'est à dire ouy ? Jaloux à faire rire ?
Sot ? Je voy qu'il en est ce que l'on m'a pu dire.
Enfin l'aimable Agnès a sçeu m'assujettir.
C'est un joly bijou, pour ne vous point mentir,
Et ce seroit péché qu'une Beauté si rare
Fust laissée au pouvoir de cet Homme bizarre.
Pour moy, tous mes efforts, tous mes vœux les plus doux
Vont à m'en rendre maistre en dépit du jaloux ;
Et l'argent, que de vous j'emprunte avec franchise,
N'est que pour mettre à bout cette juste entreprise.
Vous sçavez mieux que moi, quelques soient nos efforts,
Que l'argent est la clef de tous les grands ressorts,
Et que ce doux métal, qui frappe tant de testes,
En amour, comme en guerre, avance les conquestes.
Vous me semblez chagrin. Seroit-ce qu'en effet
Vous désaprouveriez le dessein que j'ay fait ?

ARNOLPHE

Non ; c'est que je songeois...

HORACE

    Cet entretien vous lasse ;
Adieu. J'iray chez vous tantost vous rendre grâce.

ARNOLPHE

Ah ! faut-il...

HORACE, *revenant.*

   De rechef, veuillez estre discret,
Et n'allez pas, de grâce, éventer mon secret.

ARNOLPHE

Que je sens dans mon âme...

HORACE, *revenant :*

    Et sur tout à mon Père,
Qui s'en feroit peut-estre un sujet de colère.

ARNOLPHE, *croyant qu'il revient encore :*

Oh !... — Oh, que j'ay souffert durant cet entretien !
Jamais trouble d'esprit ne fut égal au mien.
Avec quelle imprudence et quelle haste extrème
Il m'est venu conter cette affaire à moy-mème !
Bien que mon autre nom le tienne dans l'erreur,
Étourdy montra-t-il jamais tant de fureur ?
Mais, ayant tant souffert, je devois me contraindre
Jusques à m'éclaircir de ce que je dois craindre,
A pousser jusqu'au bout son caquet indiscret
Et sçavoir pleinement leur commerce secret.

Tâchons à le rejoindre ; il n'est pas loin, je pense ;
Tirons-en de ce fait l'entière confidence.
Je tremble du malheur qui m'en peut arriver,
Et l'on cherche souvent plus qu'on ne veut trouver.

La promenade est belle

ACTE II

SCÈNE PREMIÈRE

ARNOLPHE

L m'est, lors que j'y pense,
avantageux sans doute
D'avoir perdu mes pas et pu
manquer sa route,
Car enfin, de mon cœur le
trouble impérieux
N'eust pu se renfermer tout
entier à ses yeux ;
Il eust fait éclater l'ennuy qui me dévore,
Et je ne voudrois pas qu'il sçeût ce qu'il ignore.

VIII.   5

Mais je ne suis pas homme à gober le morceau,
Et laisser un champ libre aux vœux du Damoiseau.
J'en veux rompre le cours, et, sans tarder, apprendre
Jusqu'où l'intelligence entr'eux a pu s'étendre.
J'y prens, pour mon honneur, un notable intérest ;
Je la regarde en Femme, aux termes qu'elle en est ;
Elle n'a pu faillir sans me couvrir de honte,
Et tout ce qu'elle fait enfin est sur mon compte.
Éloignement fatal ! Voyage malheureux !

Frapant à la porte :

SCÈNE II

ALAIN, GEORGETTE, ARNOLPHE

ALAIN

Ah, Monsieur, cette fois...

ARNOLPHE

                    Paix ! Venez çà tous deux !
Passez là, passez là ! Venez là ; venez, dis-je.

GEORGETTE

Ah ! Vous me faites peur, et tout mon sang se fige.

ARNOLPHE

C'est donc ainsi qu'absent vous m'avez obéy ?
Et, tous deux, de concert, vous m'avez donc trahy ?

GEORGETTE

Eh! ne me mangez pas, Monsieur, je vous conjure.

ALAIN, *à part :*

Quelque chien enragé l'a mordu, je m'asseuré.

ARNOLPHE

Ouf! Je ne puis parler, tant je suis prévenu;
Je suffoque, et voudrois me pouvoir mettre nu.
— Vous avez donc souffert, ô canaille maudite!
Qu'un homme soit venu... — Tu veux prendre la fuite!
Il faut que sur-le-champ... — Si tu bouges... Je veux
Que vous me disiez... — Euh — Ouy, je veux que tous deux...
— Quiconque remûra, par la mort, je l'assomme.
Comme est-ce que chez moy s'est introduit cet homme?
Eh! parlez. Dépeschez; viste, promptement, tost,
Sans resver, veut-on dire?

ALAIN *et* GEORGETTE

Ah! ah!

GEORGETTE

Le cœur me faut.

ALAIN

Je meurs.

ARNOLPHE

Je suis en eau. Prenons un peu d'haleine;
Il faut que je m'évente et que je me promeine.

Aurois-je deviné, quand je l'ay veu petit,
Qu'il croistroit pour cela ? Ciel, que mon cœur pâtit !
Je pense qu'il vaut mieux que de sa propre bouche
Je tire avec douceur l'affaire qui me touche.
Tâchons à modérer nostre ressentiment.
Patience, mon cœur ; doucement, doucement.
— Levez-vous, et, rentrant, faites qu'Agnès descende.
— Arrestez. — Sa surprise en deviendroit moins grande ;
Du chagrin qui me trouble ils iroient l'avertir,
Et moy-mesme je veux l'aller faire sortir.
— Que l'on m'attende icy.

SCÈNE III

ALAIN, GEORGETTE

GEORGETTE

        Mon Dieu, qu'il est terrible !
Ses regards m'ont fait peur, mais une peur horrible,
Et jamais je ne vis un plus hideux Chrestien.

ALAIN

Ce Monsieur l'a fâché. Je te le disois bien.

GEORGETTE

Mais que diantre est-ce là, qu'avec tant de rudesse

Il nous fait au logis garder nostre Maistresse?
D'où vient qu'à tout le monde il veut tant la cacher,
Et qu'il ne sçauroit voir personne en approcher ?

ALAIN

C'est que cette action le met en jalousie.

GEORGETTE

Mais d'où vient qu'il est pris de cette fantaisie ?

ALAIN

Cela vient... Cela vient de ce qu'il est jaloux.

GEORGETTE

Ouy. Mais pourquoy l'est-il, et pourquoy ce courroux ?

ALAIN

C'est que la jalousie — entens-tu bien, Georgette, —
Est une chose... là... qui fait qu'on s'inquiète...
Et qui chasse les gens d'autour d'une maison.
Je m'en vais te bailler une comparaison,
Afin de concevoir la chose davantage.
Dis-moy, n'est-il pas vray, quand tu tiens ton potage,
Que si quelque affamé venoit pour en manger,
Tu serois en colère, et voudrois le charger ?

GEORGETTE

Ouy, je comprens cela.

ALAIN

C'est justement tout comme.
La Femme est en effet le potage de l'Homme;
Et quand un Homme voit d'autres Hommes parfois
Qui veulent dans sa soupe aller tremper leurs doigts,
Il en montre aussi-tost une colère extrème.

GEORGETTE

Ouy. Mais pourquoy chacun n'en fait-il pas de même ?
Et que nous en voyons qui paroissent joyeux
Lors que leurs Femmes sont avec les biaux Monsieux ?

ALAIN

C'est que chacun n'a pas cette amitié goulue,
Qui n'en veut que pour soy.

GEORGETTE

Si je n'ay la berlue,
Je le voy qui revient.

ALAIN

Tes yeux sont bons; c'est luy.

GEORGETTE

Voy comme il est chagrin.

ALAIN

C'est qu'il a de l'ennuy.

SCÈNE IV

ARNOLPHE, AGNÈS, ALAIN, GEORGETTE

ARNOLPHE

Un certain Grec disoit à l'Empereur Auguste,
Comme une instruction utile, autant que juste,
Que, lors qu'une avanture en colère nous met,
Nous devons, avant tout, dire nostre Alphabet,
Afin que dans ce temps la bile se tempère
Et qu'on ne fasse rien que l'on ne doive faire.
J'ay suivy sa leçon sur le sujet d'Agnès.
Et je la fais venir dans ce lieu tout exprès,
Sous prétexte d'y faire un tour de promenade,
Afin que les soupçons de mon esprit malade
Puissent sur le discours la mettre adroitement,
Et, luy sondant le cœur, s'éclaircir doucement.
— Venez, Agnès. — Rentrez.

SCÈNE V

ARNOLPHE, AGNÈS

ARNOLPHE

La promenade est belle.

AGNÈS

Fort belle.

ARNOLPHE

Le beau jour!

AGNÈS

Fort beau.

ARNOLPHE

Quelle nouvelle ?

AGNÈS

Le petit chat est mort.

ARNOLPHE

C'est dommage; mais quoy!
Nous sommes tous mortels, et chacun est pour soy.
Lors que j'estois aux champs, n'a-t-il point fait de pluye ?

AGNÈS

Non.

ARNOLPHE

Vous ennuyoit-il ?

AGNÈS

Jamais je ne m'ennuye.

ARNOLPHE

Qu'avez-vous fait encor, ces neuf ou dix jours-cy ?

AGNÈS

Six chemises, je pense, et six coiffes aussi.

ARNOLPHE, *ayant un peu resvé :*

Le monde, chère Agnès, est une estrange chose.
Voyez la médisance, et comme chacun cause!
Quelques voisins m'ont dit qu'un jeune homme inconnu
Estoit, en mon absence, à la maison venu;
Que vous aviez souffert sa veue et ses harangues.
Mais je n'ay point pris foy sur ces méchantes langues,
Et j'ay voulu gager que c'estoit faussement...

AGNÈS

Mon Dieu, ne gagez pas; vous perdriez vrayment.

ARNOLPHE

Quoy! C'est la vérité qu'un homme...

AGNÈS

Chose seure.
Il n'a presque bougé de chez nous, je vous jure.

ARNOLPHE, *à part :*

Cet adveu, qu'elle fait avec sincérité
Me marque pour le moins son ingénuité.
— Mais il me semble, Agnès, si ma mémoire est bonne,
Que j'avois défendu que vous vissiez personne.

AGNÈS

Ouy; mais, quand je l'ay veu, vous ignorés pourquoy,
Et vous en auriez fait, sans doute, autant que moy.

VIII 6

ARNOLPHE

Peut-estre. Mais enfin, contez-moy cette histoire.

AGNÈS

Elle est fort estonnante et difficile à croire.
J'estois sur le balcon, à travailler au frais;
Lorsque je vis passer sous les arbres d'auprès
Un jeune homme bien fait, qui, rencontrant ma veue,
D'une humble révérence aussi-tost me salue.
Moy, pour ne point manquer à la civilité,
Je fis la révérence aussi de mon costé.
Soudain, il me refait une autre révérence ;
Moy, j'en refais de mesme une autre en diligence,
Et, luy d'une troisiesme aussi-tost repartant,
D'une troisiesme aussi j'y repars à l'instant.
Il passe, vient, repasse, et tousjours de plus belle
Me fait, à chaque fois, révérence nouvelle ;
Et moy, qui tous ces tours fixement regardois,
Nouvelle révérence aussy je luy rendois :
Tant que, si sur ce point la nuit ne fût venue,
Toujours comme cela je me serois tenue,
Ne voulant point céder, ny recevoir l'ennuy
Qu'il me pust estimer moins civile que luy.

ARNOLPHE

Fort bien.

AGNÈS

Le lendemain estant sur notre porte,
Une vieille m'aborde, en parlant de la sorte :
« Mon enfant, le bon Dieu puisse-t-il vous bénir,
« Et dans tous vos attrais long-temps vous maintenir !
« Il ne vous a pas faite une belle personne
« Afin de mal user des choses qu'il vous donne,
.« Et vous devez sçavoir que vous avez blessé
« Un cœur, qui de s'en plaindre est aujourd'huy forcé.

ARNOLPHE, à part :

Ah, supost de Sathan, exécrable Damnée !

AGNÈS

« Moy, j'ay blessé quelqu'un ! » fis-je ! toute estonnée.
« Ouy, dit-elle, blessé, mais blessé tout de bon,
« Et c'est l'homme qu'hier vous vistes du Balcon.
— Hélas ! qui pourroit, dis-je, en avoir esté cause ?
« Sur luy, sans y penser, fis-je choir quelque chose ?
— Non, dit-elle ; vos yeux ont fait ce coup fatal,
« Et, c'est de leurs regards qu'est venu tout son mal.
— Hé, mon Dieu ! ma surprise est, fis-je, sans seconde ;
« Mes yeux ont-ils du mal pour en donner au monde ?
— Ouy, fit-elle, vos yeux, pour causer le trépas,
« Ma fille, ont un venin que vous ne sçavez pas ;
« En un mot, il languit, le pauvre misérable,
« Et s'il faut, poursuivit la vieille charitable,

« Que vostre cruauté luy refuse un secours,
« C'est un homme à porter en terre dans deux jours.
— Mon Dieu! J'en aurois, dis-je, une douleur bien grande;
« Mais, pour le secourir, qu'est-ce qu'il me demande?
— Mon enfant, me dit-elle, il ne veut obtenir
« Que le bien de vous voir et vous entretenir;
« Vos yeux peuvent eux seuls empescher sa ruine,
« Et du mal qu'ils ont fait estre la médecine.
— Hélas! volontiers, dis-je, et, puisqu'il est ainsi,
« Il peut tant qu'il voudra me venir voir icy. »

ARNOLPHE, *à part :*

Ah! sorcière maudite, empoisonneuse d'âmes,
Puisse l'Enfer payer tes charitables trames!

AGNÈS

Voilà comme il me vit, et reçeut guérison.
Vous-mesme, à votre advis, n'ay-je pas eu raison,
Et pouvois-je, après tout, avoir la conscience
De le laisser mourir, faute d'une assistance?
Moy qui compatis tant aux gens qu'on fait souffrir,
Et ne puis, sans pleurer, voir un poulet mourir!

ARNOLPHE, *bas.*

Tout cela n'est party que d'une âme innocente,
Et j'en dois accuser mon absence imprudente,
Qui sans guide a laissé cette bonté de mœurs
Exposée aux aguets des rusez séducteurs.

Je crains que le pendart, dans ses vœux téméraires,
Un peu plus fort que jeu n'ait poussé les affaires.

AGNÈS

Qu'avez-vous? Vous grondez, ce me semble, 'un petit.
Est-ce que c'est mal fait ce que je vous ay dit?

ARNOLPHE

Non. Mais de cette veue apprenez-moy les suites,
Et comme le jeune homme a passé ses visites.

AGNÈS

Hélas! Si vous sçaviez comme il estoit ravy;
Comme il perdit son mal, si tost que je le vy;
Le présent qu'il m'a fait d'une belle cassette,
Et l'argent qu'en ont eu nostre Alain et Georgette;
Vous l'aymeriez sans doute, et diriez comme nous.....

ARNOLPHE

Ouy. Mais que faisoit-il, estant seul avec vous?

AGNÈS

Il juroit qu'il m'aimoit d'une amour sans seconde,
Et me disoit des mots les plus gentils du monde,
Des choses que jamais rien ne peut égaler
Et dont, toutes les fois que je l'entends parler,
La douceur me chatouille, et là dedans remue
Certain je ne sçay quoy, dont je suis toute émeue.

ARNOLPHE, *à part :*

O fâcheux examen d'un mystère fatal,
Où l'examinateur souffre seul tout le mal !

A Agnès :

Outre tous ces discours, toutes ces gentillesses,
Ne vous faisoit-il point aussi quelques caresses ?

AGNÈS

Oh! tant. Il me prenoit et les mains et les bras,
Et de me les baiser il n'estoit jamais las.

ARNOLPHE

Ne vous a-t-il point pris, Agnès, quelqu'autre chose ?

La voyant interdite :

Ouf!

AGNÈS

Hé! Il m'a...

ARNOLPHE

Quoy ?

AGNÈS

Pris...

ARNOLPHE

Euh !

AGNÈS

Le...

ARNOLPHE

Plaist-il ?

AGNÈS

Je n'ose,

Et vous vous fascherez peut-estre contre moy.

ARNOLPHE

Non.

AGNÈS

Si fait.

ARNOLPHE

Mon Dieu, non.

AGNÈS

Jurez donc vostre foy.

ARNOLPHE

Ma foy, soit.

AGNÈS

Il m'a pris... Vous serez en colère.

ARNOLPHE

Non.

AGNÈS

Si.

ARNOLPHE

Non, non, non, non. Diantre, que de mystère!
Qu'est-ce qu'il vous a pris?

AGNÈS

Il...

ARNOLPHE, à part :

Je souffre en Damné.

AGNÈS

Il m'a pris le ruban que vous m'aviez donné.

A vous dire le vray, je n'ay pu m'en deffendre.

ARNOLPHE, *reprenant haleine :*

Passe pour le ruban. Mais je voulois apprendre
S'il ne vous a rien fait que vous baiser les bras.

AGNÈS

Comment! Est-ce qu'on fait d'autres choses?

ARNOLPHE

Non pas.
Mais, pour guérir du mal qu'il dit qui le possède,
N'a-t-il point exigé de vous d'autre remède?

AGNÈS

Non. Vous pouvez juger, s'il en eust demandé,
Que, pour le secourir, j'aurois tout accordé.

ARNOLPHE

Grâce aux bontez du Ciel, j'en suis quitte à bon conte.
Si j'y retombe plus, je veux bien qu'on m'affronte.
Chut. — De vostre innocence, Agnès, c'est un effet;
Je ne vous en dis mot. Ce qui s'est fait est fait.
Je sçay qu'en vous flattant le Galand ne desire
Que de vous abuser, et puis après s'en rire.

AGNÈS

Oh! point. Il me l'a dit plus de vingt fois à moy.

ARNOLPHE

Ah, vous ne savez pas ce que c'est que sa foy.

Mais enfin apprenez qu'accepter des cassettes,
Et de ces beaux blondins écouter les sornettes,
Que se laisser par eux, à force de langueur,
Baiser ainsi les mains et chatouiller le cœur, ·
Est un péché mortel des plus gros qu'il se fasse.

AGNÈS

Un péché, dites-vous? Et la raison, de grâce?

ARNOLPHE

La raison! La raison est l'arrest prononcé
Que par ces actions le Ciel est courroucé.

AGNÈS

Courroucé! Mais pourquoy faut-il qu'il s'en courrouce?
C'est une chose, hélas, si plaisante et si douce!
J'admire quelle joye on gouste à tout cela,
Et je ne sçavois point encor ces choses là.

ARNOLPHE

Ouy; c'est un grand plaisir que toutes ces tendresses,
Ces propos si gentils, et ces douces caresses;
Mais il faut le gouster en toute honnesteté,
Et qu'en se mariant le crime en soit osté.

AGNÈS

N'est-ce plus un péché, lors que l'on se marie?

ARNOLPHE

Non.

VIII.   7

AGNÈS

Mariez-moy donc promptement, je vous prie.

ARNOLPHE

Si vous le souhaitez, je le souhaite aussi,
Et pour vous marier on me revoit icy.

AGNÈS

Est-il possible?

ARNOLPHE

Ouy.

AGNÈS

Que vous me ferez aise!

ARNOLPHE

Ouy, je ne doute point que l'hymen ne vous plaise.

AGNÈS

Vous nous voulez, nous deux...

ARNOLPHE

Rien de plus asseuré.

AGNÈS

Que, si cela se fait, je vous caresseray!

ARNOLPHE

Hé, la chose sera de ma part réciproque.

AGNÈS

Je ne reconnois point, pour moy, quand on se mocque.

Parlez-vous tout de bon?

ARNOLPHE

Ouy, vous le pourrez voir.

AGNÈS

Nous serons mariez.

ARNOLPHE

Ouy.

AGNÈS

Mais quand?

ARNOLPHE

Dès ce soir.

AGNÈS, *riant :*

Dès ce soir?

ARNOLPHE

Dès ce soir. Cela vous fait donc rire?

AGNÈS

Ouy.

ARNOLPHE

Vous voir bien contente est ce que je desire.

AGNÈS

Hélas, que je vous ay grande obligation,
Et qu'avec luy j'auray de satisfaction!

ARNOLPHE

Avec qui?

AGNÈS

Avec... Là...

ARNOLPHE

Là... Là n'est pas mon compte.
A choisir un mary vous estes un peu prompte.
C'est un autre, en un mot, que je vous tiens tout prest,
Et, quant au Monsieur, là, je prétens, s'il vous plaist,
Deust le mettre au tombeau le mal dont il vous berce,
Qu'avec luy désormais vous rompiez tout commerce;
Que, venant au logis, pour vostre compliment
Vous luy fermiez au nez la porte honnestement,
Et, luy jettant, s'il heurte, un grez par la fenestre,
L'obligiez tout de bon à ne plus y parestre.
M'entendez-vous, Agnès? Moi, caché dans un coin,
De vostre procédé je seray le témoin.

AGNÈS

Las, il est si bien fait! C'est...

ARNOLPHE

Ah, que de langage!

AGNÈS

Je n'auray pas le cœur...

ARNOLPHE

Point de bruit davantage.
Montez là-haut.

AGNÈS

Mais quoy ? Voulez-vous...

ARNOLPHE

C'est assez.

Je suis Maistre; je parle; allez, obéissez.

Là, regardez moi la, durant cet entretien;

ACTE III

SCÈNE PREMIÈRE

ARNOLPHE, AGNÈS, ALAIN, GEORGETTE

ARNOLPHE

UY, tout a bien esté; ma joye
est sans pareille;
Vous avez là suivi mes or-
dres à merveille,
Confondu de tout poinct le
blondin séducteur,
Et voilà de quoy sert un sage
directeur.
Vostre innocence, Agnès, avoit esté surprise;
Voyez, sans y penser, où vous vous estiez mise;

Vous enfiliez tout droit, sans mon instruction,
Le grand chemin d'Enfer et de perdition.
De tous ces Damoizeaux on sçait trop les coustumes;
Ils ont de beaux canons, force rubans, et plumes,
Grands cheveux, belles dents, et des propos fort doux,
Mais, comme je vous dis, la griffe est là-dessous,
Et ce sont vrais Sathans, dont la gueule altérée
De l'honneur féminin cherche à faire curée.
Mais, encore une fois, grâce au soin apporté,
Vous en estes sortie avec honnesteté.
L'air dont je vous ay veu luy jetter cette pierre,
Qui de tous ses desseins a mis l'espoir par terre,
Me confirme encor mieux à ne point différer
Les Nopces, où je dis qu'il vous faut préparer.
Mais, avant toute chose, il est bon de vous faire
Quelque petit discours qui vous soit salutaire.
— Un siège au frais icy. — Vous, si jamais en rien...

GEORGETTE

De toutes vos leçons nous nous souviendrons bien.
Cet autre Monsieur là nous en faisoit accroire,
Mais...

ALAIN

S'il entre jamais, je veux jamais ne boire.
Aussi bien est-ce un sot; il nous a, l'autre fois,
Donné deux escus d'or qui n'estoient pas de poids.

ARNOLPHE

Ayez donc, pour souper, tout ce que je desire,
Et, pour nostre Contract, comme je viens de dire,
Faictes venir icy, l'un ou l'autre, au retour,
Le Notaire qui loge au coin de ce Carfour.

SCÈNE II

ARNOLPHE, AGNÈS

ARNOLPHE, *assis.*

Agnès, pour m'écouter, laissés là votre ouvrage;
Levez un peu la teste, et tournez le visage;
Là, regardez-moy là durant cet entretien
Et, jusqu'au moindre mot, imprimez-le vous bien.
Je vous épouse, Agnès, et, cent fois la journée,
Vous devez bénir l'heur de vostre destinée,
Contempler la bassesse où vous avez esté,
Et dans le mesme temps admirer ma bonté,
Qui, de ce vil estat de pauvre Villageoise,
Vous fait monter au rang d'honorable Bourgeoise,
Et jouyr de la couche et des embrassemens
D'un homme, qui fuyoit tous ces engagemens,
Et dont à vingt partis, fort capables de plaire,
Le cœur a refusé l'honneur qu'il vous veut faire.

VIII.   8

Vous devez tousjours, dis-je, avoir devant les yeux
Le peu que vous estiez sans ce nœud glorieux,
Afin que cet objet d'autant mieux vous instruise
A mériter l'estat où je vous auray mise,
A tousjours vous connoistre, et faire qu'à jamais
Je puisse me louer de l'acte que je fais.
Le mariage, Agnès, n'est pas un badinage;
A d'austères devoirs le rang de Femme engage,
Et vous n'y montez pas, à ce que je prétens,
Pour estre libertine et prendre du bon temps.
Vostre sexe n'est là que pour la dépendance;
Du costé de la barbe est la toute-puissance.
Bien qu'on soit deux moitiez de la Société,
Ces deux moitiez pourtant n'ont point d'égalité :
L'une est moitié suprême, et l'autre subalterne;
L'une en tout est soumise à l'autre, qui gouverne,
Et ce que le Soldat, dans son devoir instruit,
Monstre d'obéissance au Chef qui le conduit,
Le Valet à son Maistre, un Enfant à son Père,
A son Supérieur le moindre petit Frère,
N'approche point encor de la docilité,
Et de l'obéissance, et de l'humilité,
Et du profond respect où la Femme doit estre
Pour son Mary, son Chef, son Seigneur, et son Maistre.
Lors qu'il jette sur elle un regard sérieux,
Son devoir aussi-tost est de baisser les yeux,

Et de n'oser jamais le regarder en face
Que quand d'un doux regard il luy veut faire grâce.
C'est ce qu'entendent mal les Femmes d'aujourd'huy,
Mais ne vous gastez pas sur l'exemple d'autruy.
Gardez-vous d'imiter ces coquettes vilaines
Dont, par toute la Ville, on chante les fredaines,
Et de vous laisser prendre aux assauts du Malin,
C'est à dire d'ouyr aucun jeune blondin.
Songez qu'en vous faisant moitié de ma personne,
C'est mon honneur, Agnès, que je vous abandonne;
Que cet honneur est tendre et se blesse de peu;
Que sur un tel sujet il ne faut point de jeu,
Et qu'il est aux Enfers des chaudières bouillantes,
Où l'on plonge à jamais les Femmes mal vivantes.
Ce que je vous dis là ne sont pas des chansons,
Et vous devez du cœur dévorer ces leçons.
Si vostre âme les suit, et fuit d'estre coquette,
Elle sera tousjours, comme un lis, blanche et nette;
Mais, s'il faut qu'à l'honneur elle fasse un faux-bon,
Elle deviendra lors noire comme un charbon;
Vous paroistrez à tous un object effroyable,
Et vous irez un jour, vray partage du Diable,
Bouillir dans les Enfers à toute éternité,
Dont vous veuille garder la Céleste Bonté!
Faites la révérence. Ainsi qu'une Novice
Par cœur dans le Convent doit sçavoir son Office,

Entrant au Mariage il en faut faire autant,
Et voicy, dans ma poche, un écrit important
Qui vous enseignera l'Office de la Femme.
J'en ignore l'Autheur, mais c'est quelque bonne âme,
Et je veux que ce soit vostre unique entretien.

Il se lève.

Tenez. Voyons un peu si vous le lirez bien.

AGNÈS *lit :*

LES MAXIMES

DU MARIAGE,

OU LES DEVOIRS DE LA FEMME MARIÉE

AVEC SON EXERCICE JOURNALIER

I. MAXIME

Celle, qu'un lien honneste
Fait entrer au lict d'autruy,
Doit se mettre dans la teste,
Malgré le train d'aujourd'huy,
Que l'homme qui la prend ne la prend que pour luy.

ARNOLPHE

Je vous expliqueray ce que cela veut dire,
Mais, pour l'heure présente, il ne faut rien que lire.

AGNÈS *poursuit* :

II. *MAXIME*

Elle ne se doit parer
Qu'autant que peut desirer
Le Mary qui la possède :
C'est luy que touche seul le soin de sa beauté,
Et pour rien doit estre conté
Que les autres la trouvent laide.

III. *MAXIME*

Loin, ces estudes d'œillades,
Ces eaux, ces blancs, ces pommades,
Et mille ingrédiens qui font des teints fleuris ;
A l'honneur, tous les jours, ce sont drogues mortelles,
Et les soins de paroistre belles
Se prennent peu pour les Maris.

IV. *MAXIME*

Sous sa coiffe, en sortant, comme l'honneur l'ordonne,
Il faut que de ses yeux elle estouffe les coups,
Car, pour bien plaire à son Espoux,
Elle ne doit plaire à personne.

V. *MAXIME*

Hors ceux dont au Mary la visite se rend,
La bonne règle deffend

De recevoir aucune âme ;
Ceux qui, de galante humeur,
N'ont affaire qu'à Madame,
N'accomodent pas Monsieur.

VI. MAXIME

Il faut des présens des hommes
Qu'elle se deffende bien ;
Car, dans le siècle où nous sommes,
On ne donne rien pour rien.

VII. MAXIME

Dans ses meubles, deust-elle en avoir de l'ennuy,
Il ne faut escritoire, ancre, papier, ny plumes ;
Le Mary doit, dans les bonnes coûtumes,
Ecrire tout ce qui s'écrit chez luy.

VIII. MAXIME

Ces sociétez déréglées,
Qu'on nomme belles assemblées,
Des Femmes tous les jours corrompent les esprits ;
En bonne Politique on les doit interdire,
Car c'est là que l'on conspire
Contre les pauvres Maris.

IX. MAXIME

Toute Femme, qui veut à l'honneur se vouer,
Doit se deffendre de jouer,

Comme d'une chose funeste :
Car le jeu, fort décevant,
Pousse une Femme souvent
A jouer de son reste.

X. MAXIME

Des promenades du temps,
Ou repas qu'on donne aux champs,
Il ne faut point qu'elle essaye;
Selon les prudens cerveaux,
Le Mary, dans ces Cadeaux,
Est tousjours celuy qui paye.

XI. MAXIME....

ARNOLPHE

Vous achèverez seule, et, pas à pas, tantost
Je vous expliqueray ces choses comme il faut.
Je me suis souvenu d'une petite affaire :
Je n'ay qu'un mot à dire, et ne tarderay guère.
Rentrez, et conservez ce Livre chèrement.
Si le Notaire vient, qu'il m'attende un moment.

SCÈNE III

ARNOLPHE

Je ne puis faire mieux que d'en faire ma Femme.
Ainsi que je voudray, je tourneray cette âme;
Comme un morceau de cire entre mes mains elle est,
Et je luy puis donner la forme qui me plaist.
Il s'en est peu fallu que, durant mon absence,
On ne m'ait attrappé par son trop d'innocence;
Mais il vaut beaucoup mieux, à dire vérité,
Que la Femme qu'on a pêche de ce costé.
De ces sortes d'erreurs le remède est facile.
Toute personne simple aux leçons est docile,
Et, si du bon chemin on l'a fait écarter,
Deux mots incontinent l'y peuvent rejetter,
Mais une Femme habile est bien une autre beste.
Nostre sort ne dépend que de sa seule teste;
De ce qu'elle s'y met rien ne la fait gauchir,
Et nos enseignemens ne font là que blanchir;
Son bel esprit luy sert à railler nos maximes,
A se faire souvent des vertus de ses crimes,
Et trouver, pour venir à ses coupables fins,
Des détours à duper l'adresse des plus fins.
Pour se parer du coup en vain on se fatigue;

Une Femme d'esprit est un Diable en intrigue,
Et, dès que son caprice a prononcé tout bas
L'arrest de notre honneur, il faut passer le pas.
Beaucoup d'honnestes gens en pourroient bien que dire.
Enfin, mon estourdy n'aura pas lieu d'en rire;
Par son trop de caquet il a ce qu'il luy faut.
Voilà de nos François l'ordinaire défaut;
Dans la possession d'une bonne fortune
Le secret est toûjours ce qui les importune,
Et la vanité sotte a pour eux tant d'appas
Qu'ils se pendroient plutost que de ne causer pas.
O, que les femmes sont du Diable bien tentées,
Lors qu'elles vont choisir ces testes éventées,
Et que... Mais le voici. Cachons-nous toujours bien,
Et découvrons un peu quel chagrin est le sien.

SCÈNE IV

HORACE, ARNOLPHE

HORACE

Je reviens de chez vous, et le Destin me montre
Qu'il n'a pas résolu que je vous y rencontre.
Mais j'iray tant de fois qu'enfin quelque moment...

ARNOLPHE

Hé, mon Dieu, n'entrons point dans ce vain compliment;
VIII.   9

Rien ne me fasche tant que ces cérémonies,
Et, si l'on m'en croyoit, elles seroient bannies;
C'est un maudit usage, et la pluspart des gens
Y perdent sottement les deux tiers de leur temps.
Mettons donc; sans façons. —Hé bien, vos amourettes?
Puis-je, Seigneur Horace, apprendre où vous en estes?
J'estois tantost distrait par quelque vision,
Mais, depuis, là-dessus j'ay fait réflection;
De vos premiers progrez j'admire la vitesse,
Et dans l'événement mon âme s'intéresse.

HORACE

Ma foy, depuis qu'à vous s'est découvert mon cœur,
Il est à mon amour arrivé du malheur.

ARNOLPHE

Oh, oh! Comment cela?

HORACE

            La Fortune cruelle
A ramené des champs le patron de la belle...

ARNOLPHE

Quel malheur!

HORACE

            Et de plus, à mon très-grand regret,
Il a sçeu de nous deux le commerce secret.

ARNOLPHE

D'où diantre a-t-il si tost appris cette avanture?

HORACE

Je ne sçay, mais enfin c'est une chose seure.
Je pensois aller rendre, à mon heure à peu près,
Ma petite visite à ses jeunes attraits,
Lors que, changeant pour moy de ton et de visage,
Et Servante et Valet m'ont bouché le passage,
Et d'un : *Retirez-vous; vous nous importunez,*
M'ont, assez rudement, fermé la porte au nez.

ARNOLPHE

La porte au nez!

HORACE

Au nez.

ARNOLPHE

La chose est un peu forte.

HORACE

J'ay voulu leur parler au travers de la porte,
Mais à tous mes propos ce qu'ils m'ont répondu,
C'est : *Vous n'entrerez point; Monsieur l'a défendu.*

ARNOLPHE

Ils n'ont donc point ouvert?

HORACE

Non. Et de la fenestre
Agnès m'a confirmé le retour de ce Maistre,
En me chassant de là, d'un ton plein de fierté,
Accompagné d'un grez que sa main a jetté.

ARNOLPHE

Comment! D'un grez?

HORACE

D'un grez de taille non petite,
Dont on a par ses mains régalé ma visite.

ARNOLPHE

Diantre! Ce ne sont pas des prunes que cela,
Et je trouve fascheux l'estat où vous voilà.

HORACE

Il est vray; je suis mal par ce retour funeste.

ARNOLPHE

Certes, j'en suis fasché pour vous, je vous proteste.

HORACE

Cet homme me rompt tout.

ARNOLPHE

Ouy, mais cela n'est rien,
Et de vous racrocher vous trouverez moyen.

HORACE

Il faut bien essayer, par quelque intelligence,
De vaincre du jaloux l'exacte vigilance.

ARNOLPHE

Cela vous est facile, et la Fille, après tout,
Vous ayme.

HORACE

Asseurément.

ARNOLPHE

Vous en viendrez à bout.

HORACE

Je l'espère.

ARNOLPHE

Le grès vous a mis en déroute,
Mais cela ne doit pas vous estonner.

HORACE

Sans doute,
Et j'ay compris d'abord que mon homme estoit là,
Qui, sans se faire voir, conduisoit tout cela.
Mais ce qui m'a surpris, et qui va vous surprendre,
C'est un autre incident, que vous allez entendre,
Un trait hardy, qu'a fait cette jeune beauté,
Et qu'on n'attendroit point de sa simplicité.
Il le faut avouer, l'Amour est un grand maistre :

Ce qu'on ne fut jamais, il nous enseigne à l'estre,
Et souvent de nos mœurs l'absolu changement
Devient par ses leçons l'ouvrage d'un moment.
De la Nature en nous il force les obstacles,
Et ses effets soudains ont de l'air des Miracles;
D'un Avare à l'instant il fait un Libéral,
Un Vaillant d'un Poltron, un Civil d'un Brutal;
Il rend agile en tout l'âme la plus pesante,
Et donne de l'esprit à la plus innocente.
Ouy, ce dernier Miracle éclatte dans Agnès;
Car, tranchant avec moy par ces termes exprès :
Retirez-vous ; mon âme aux visites renonce;
Je sçay tous vos discours, et voilà ma response.
Cette pierre, ou ce grès, dont vous vous estonniez,
Avec un mot de Lettre est tombée à mes pieds,
Et j'admire de voir cette Lettre ajustée
Avec le sens des mots et la pierre jettée.
D'une telle action n'estes-vous pas surpris ?
L'Amour sçait-il pas l'art d'aiguiser les esprits,
Et peut-on me nier que ses flames puissantes
Ne fassent dans un cœur des choses estonnantes ?
Que dites-vous du tour et de ce mot d'escrit ?
Euh, n'admirez-vous point cette adresse d'esprit ?
Trouvez-vous pas plaisant de voir quel personnage
A joué mon jaloux dans tout ce badinage ?
Dites.

ARNOLPHE

Ouy, fort plaisant.

Arnolphe rit d'un ris forcé.

HORACE

　　　　Riez-en donc un peu.
Cet homme, gendarmé d'abord contre mon feu,
Qui chez luy se retranche, et de grès fait parade,
Comme si j'y voulois entrer par escalade ;
Qui, pour me repousser, dans son bizarre effroy,
Anime du dedans tous ses gens contre moy,
Et qu'abuse à ses yeux, par sa machine mesme,
Celle qu'il veut tenir dans l'ignorance extrème !
Pour moy, je vous l'avoue, encor que son retour
En un grand embarras jette icy mon amour,
Je tiens cela plaisant autant qu'on sçauroit dire ;
Je ne puis y songer sans de bon cœur en rire,
Et vous n'en riez pas assez, à mon avis.

ARNOLPHE, *avec un ris forcé :*

Pardonnez-moi ; j'en ris tout autant que je puis.

HORACE

Mais il faut qu'en amy je vous montre la Lettre.
Tout ce que son cœur sent, sa main a sçeu l'y mettre,
Mais en termes touchans et tout pleins de bonté,
De tendresse innocente et d'ingénuité,
De la manière enfin que la pure Nature

Exprime de l'Amour la première blessure.

ARNOLPHE, bas :

Voilà, fripponne, à quoi l'escriture te sert,
Et, contre mon dessein, l'art t'en fut découvert.

HORACE lit :

Je veux vous escrire, et je suis bien en peine par où je m'y prendray. J'ay des pensées que je desirerois que vous sçeussiez, mais je ne sçay comment faire pour vous les dire, et je me deffie de mes paroles. Comme je commence à connoistre qu'on m'a tousjours tenue dans l'ignorance, j'ay peur de mettre quelque chose qui ne soit pas bien et d'en dire plus que je ne devrois. En vérité, je ne sçay ce que vous m'avez fait, mais je sens que je suis faschée à mourir de ce qu'on me fait faire contre vous, que j'auray toutes les peines du monde à me passer de vous et que je serois bien aise d'estre à vous. Peut-estre qu'il y a du mal à dire cela, mais enfin je ne puis m'empescher de le dire, et je voudrois que cela se pust faire sans qu'il y en eust. On me dit fort que tous les jeunes hommes sont des trompeurs, qu'il ne les faut point écouter, et que tout ce que vous me dites n'est que pour m'abuser ; mais je vous asseure que je n'ay pu encore me figurer cela de vous, et je suis si touchée de vos paroles que je ne sçaurois croire qu'elles soient menteuses. Dites-moy franchement ce qui en est ; car enfin, comme je suis sans malice, vous auriez le plus grand tort du monde si vous me trompiez, et je pense que j'en mourrois de déplaisir.

ARNOLPHE

Hom, chienne !

HORACE

Qu'avez-vous ?

ARNOLPHE

Moi ? Rien. C'est que je tousse.

HORACE

Avez-vous jamais veu d'expression plus douce ?
Malgré les soins maudits d'un injuste pouvoir,
Un plus beau naturel peut-il se faire voir ?
Et n'est-ce pas sans doute un crime punissable
De gaster meschamment ce fons d'âme admirable ;
D'avoir dans l'ignorance et la stupidité,
Voulu de cet esprit estoufer la clarté ?
L'Amour a commencé d'en déchirer le voile,
Et si, par la faveur de quelque bonne Estoile,
Je puis, comme j'espère, à ce franc animal,
Ce traistre, ce boureau, ce faquin, ce brutal...

ARNOLPHE

Adieu.

HORACE

Comment ! Si viste ?

ARNOLPHE

Il m'est dans la pensée
Venu tout maintenant une affaire pressée.

VIII.   10

HORACE

Mais ne sçauriez-vous point, comme on la tient de près,
Qui dans cette maison pourroit avoir accès ?
J'en use sans scrupule, et ce n'est pas merveille
Qu'on se puisse, entre amis, servir à la pareille.
Je n'ay plus là dedans que gens pour m'observer,
Et Servante et Valet, que je viens de trouver,
N'ont jamais, de quelque air que je m'y sois pû prendre,
Adoucy leur rudesse à me vouloir entendre.
J'avois pour de tels coups certaine Vieille en main,
D'un génie, à vray dire, au dessus de l'humain.
Elle m'a dans l'abord servy de bonne sorte ;
Mais, depuis quatre jours, la pauvre femme est morte.
Ne me pourriez-vous point ouvrir quelque moyen ?

ARNOLPHE

Non, vrayment, et sans moy vous en trouverez bien.

HORACE

Adieu donc. Vous voyez ce que je vous confie.

SCÈNE V

ARNOLPHE

Comme il faut devant luy que je me mortifie !
Quelle peine à cacher mon déplaisir cuisant !

Quoy! pour une innocente, un esprit si présent!
Elle a feint d'estre telle à mes yeux, la traistresse,
Ou le Diable à son âme a soufflé cette adresse.
Enfin me voilà mort, par ce funeste escrit.
Je voy qu'il a, le traistre, empaumé son esprit,
Qu'à ma suppression il s'est ancré chez elle,
Et c'est mon désespoir et ma peine mortelle.
Je souffre doublement dans le vol de son cœur,
Et l'amour y pâtit aussi bien que l'honneur.
J'enrage de trouver cette place usurpée,
Et j'enrage de voir ma prudence trompée.
Je sçay que, pour punir son amour libertin,
Je n'ay qu'à laisser faire à son mauvais destin,
Que je seray vangé d'elle par elle-mesme,
Mais il est bien fascheux de perdre ce qu'on aime.
Ciel, puisque pour un choix j'ay tant philosophé,
Faut-il de ses appas m'estre si fort coeffé!
Elle n'a ny parens, ny support, ny richesse;
Elle trahit mes soins, mes bontez, ma tendresse,
Et cependant je l'aime, après ce lasche tour,
Jusqu'à ne me pouvoir passer de cet amour.
Sot, n'as-tu point de honte? Ah! je crève, j'enrage,
Et je souffleterois mille fois mon visage.
Je veux entrer un peu, mais seulement pour voir
Quelle est sa contenance après un trait si noir.
Ciel, faites que mon front soit exempt de disgrâce;

Ou bien, s'il est escrit qu'il faille que j'y passe,
Donnez-moy tout au moins, pour de tels accidens,
La constance qu'on voit à de certaines gens.

ACTE IV

SCÈNE PREMIÈRE

ARNOLPHE

’AY peine, je l'avoue, à de-
meurer en place,
Et de mille soucis mon es-
prit s'embarasse
Pour pouvoir mettre un
ordre, et dedans et dehors,
Qui du godelureau rompe
tous les efforts.
De quel œil la traistresse a soustenu ma veue !
De tout ce qu'elle a fait elle n'est point émeue,
Et, bien qu'elle me mette à deux doigts du trespas,

On diroit, à la voir, qu'elle n'y touche pas.
Plus, en la regardant, je la voyois tranquile,
Plus je sentois en moy s'eschaufer une bile,
Et ces bouillans transports, dont s'enflammoit mon cœur,
Y sembloient redoubler mon amoureuse ardeur.
J'estois aigry, fasché, désespéré contr'elle,
Et cependant jamais je ne la vis si belle ;
Jamais ses yeux aux miens n'ont paru si perçans,
Jamais je n'eus pour eux des desirs si pressans,
Et je sens là dedans qu'il faudra que je crève
Si de mon triste sort la disgrâce s'achève.
Quoy ! J'auray dirigé son éducation
Avec tant de tendresse et de précaution ;
Je l'auray fait passer chez moy dès son enfance,
Et j'en auray chéry la plus tendre espérance ;
Mon cœur aura basty sur ses attraits naissans
Et creu la mitonner, pour moy, durant treize ans,
Afin qu'un jeune fou, dont elle s'amourache,
Me la vienne enlever jusque sur la moustache,
Lors qu'elle est avec moy mariée à demy !
Non, parbleu, non, parbleu, petit sot, mon amy ;
Vous aurez beau tourner, ou j'y perdray mes peines,
Ou je rendray, ma foy, vos espérances vaines,
Et de moy tout à fait vous ne vous rirez point.

SCÈNE II

LE NOTAIRE, ARNOLPHE

LE NOTAIRE

Ah ! le voilà ! Bon jour. Mé voicy tout à point
Pour dresser le Contract que vous souhaittez faire.

ARNOLPHE, *sans le voir.*

Comment faire ?

- LE NOTAIRE

Il le faut dans la forme ordinaire.

ARNOLPHE, *sans le voir.*

A mes précautions je veux songer de près.

LE NOTAIRE

Je ne passeray rien contre vos intérests.

ARNOLPHE, *sans le voir.*

Il se faut garantir de toutes les surprises.

LE NOTAIRE

Suffit qu'entre mes mains vos affaires soient mises ;
Il ne vous faudra point, de peur d'estre déçeu,
Quittancer le Contract que vous n'ayez reçeu.

ARNOLPHE, *sans le voir.*

J'ay peur, si je vais faire éclater quelque chose,

Que de cet incident par la Ville on ne cause.

LE NOTAIRE

Et bien, il est aisé d'empescher cet éclat,
Et l'on peut en secret faire votre Contract.

ARNOLPHE, *sans le voir*.

Mais comment faudra-t-il qu'avec elle j'en sorte ?

LE NOTAIRE

Le douaire se règle au bien qu'on vous apporte.

ARNOLPHE, *sans le voir*.

Je l'ayme, et cet amour est mon grand embarras.

LE NOTAIRE

On peut avantager une Femme en ce cas.

ARNOLPHE, *sans le voir*.

Quel traitement luy faire en pareille avanture ?

LE NOTAIRE

L'ordre est que le Futur doit douer la Future
Du tiers du dot qu'elle a, mais cet ordre n'est rien,
Et l'on va plus avant, lors que l'on le veut bien ;

ARNOLPHE, *sans le voir*.

Si...

LE NOTAIRE, *Arnolphe l'appercevant*.

Pour le préciput, il les regarde ensemble.

Je dis que le Futur peut, comme bon luy semble,
Douer la Future ;

ARNOLPHE, *l'ayant apperçeu.*

Euh ?

LE NOTAIRE

Il peut l'avantager,
Lors qu'il l'aime beaucoup et qu'il veut l'obliger ;
Et cela par douaire, ou préfix qu'on appelle,
Qui demeure perdu par le trespas d'icelle ;
Ou sans retour, qui va de ladite à ses hoirs ;
Ou coustumier, selon les différens vouloirs ;
Ou par donation, dans le Contract formelle,
Qu'on fait, ou pure et simple, ou qu'on fait mutuelle.
Pourquoy hausser le dos ? Est-ce qu'on parle en fat,
Et que l'on ne sçait pas les formes d'un Contract ?
Qui me les apprendra ? Personne, je présume.
Sçais-je pas qu'estant joints, on est, par la Coustume,
Communs en meubles, biens, immeubles et conquests,
A moins que par un Acte on y renonce exprès ?
Sçay-je pas que le tiers du bien de la Future
Entre en communauté pour...

ARNOLPHE

Ouy, c'est chose seure,
Vous sçavez tout cela ; mais qui vous en dit mot ?

VIII.   11

LE NOTAIRE

Vous, qui me prétendez faire passer pour sot,
En me haussant l'espaule, et faisant la grimace.

ARNOLPHE

La peste soit fait l'homme, et sa chienne de face !
Adieu. C'est le moyen de vous faire finir.

LE NOTAIRE

Pour dresser un Contract m'a-t'on pas fait venir ?

ARNOLPHE

Ouy, je vous ay mandé, mais la chose est remise,
Et l'on vous mandera quand l'heure sera prise.
Voyez quel Diable d'homme avec son entretien !

LE NOTAIRE

Je pense qu'il en tient, et je croy penser bien.

SCÈNE III

LE NOTAIRE, ALAIN, GEORGETTE

LE NOTAIRE

M'estes-vous pas venu quérir pour vostre Maistre ?

ALAIN

Ouy.

LE NOTAIRE

J'ignore pour qui vous le pouvez connaistre ;
Mais allez, de ma part, luy dire de ce pas
Que c'est un fou fieffé.

GEORGETTE

Nous n'y manquerons pas.

SCÈNE IV

ALAIN, GEORGETTE, ARNOLPHE

ALAIN

Monsieur...

ARNOLPHE

Approchez-vous. Vous estes mes fidelles ;
Mes bons, mes vrais amis, et j'en sçay des nouvelles.

ALAIN

Le Notaire...

ARNOLPHE

Laissons ; c'est pour quelqu'autre jour.
On veut à mon honneur jouer d'un mauvais tour ;
Et quel affront pour vous, mes enfans, pourroit-c'estre
Si l'on avoit osté l'honneur à vostre Maistre !
Vous n'oseriez après paroistre en nul endroit,
Et chacun, vous voyant, vous montreroit au doigt.

Donc, puisqu'autant que moy l'affaire vous regarde,
Il faut, de vostre part, faire une telle garde
Que ce galand ne puisse en aucune façon...

GEORGETTE

Vous nous avez tantost monstré notre leçon.

ARNOLPHE

Mais à ses beaux discours gardez bien de vous rendre.

ALAIN

Oh ! vrayment...

GEORGETTE

Nous sçavons comme il faut s'en deffendre.

ARNOLPHE

S'il venoit doucement : *Alain, mon pauvre cœur,*
Par un peu de secours soulage ma langueur !

ALAIN

Vous estes un sot.

ARNOLPHE

Bon.

A Georgette :

Georgette, ma mignonne,
Tu me parois si douce et si bonne personne.

GEORGETTE

Vous estes un nigaut.

ARNOLPHE

Bon.

A Alain :

Quel mal trouves-tu   .

Dans un dessein honneste et tout plein de vertu ?

ALAIN

Vous estes un fripon.

ARNOLPHE

Fort bien.

A Georgette :

Ma mort est seure

Si tu ne prens pitié des peines que j'endure.

GEORGETTE

Vous estes un benest, un impudent.

ARNOLPHE ·

Fort bien.

— Je ne suis pas un homme à vouloir rien pour rien ;
Je sçay, quand on me sert, en garder la mémoire.
Cependant, par avance, Alain, voilà pour boire ;
Et voilà pour t'avoir, Georgette, un cottillon.

Ils tendent tous deux la main et prennent l'argent.

Ce n'est de mes bienfaits qu'un simple échantillon ;
Toute la courtoisie, enfin, dont je vous presse,
C'est que je puisse voir vostre belle Maistresse.

GEORGETTE, *le poussant.*

A d'autres.

ARNOLPHE

Bon cela.

ALAIN, *le poussant.*

Hors d'icy !

ARNOLPHE

Bon.

GEORGETTE, *le poussant.*

Mais tost !

ARNOLPHE

Bon. Holà ; C'est assez.

GEORGETTE

Fais-je pas comme il faut ?

ALAIN

Est-ce de la façon que [vous] voulez l'entendre ?

ARNOLPHE

Ouy, fort bien ; hors l'argent, qu'il ne falloit pas prendre.

GEORGETTE

Nous ne nous sommes pas souvenus de ce point.

ALAIN

Voulez-vous qu'à l'instant nous recommencions ?

ARNOLPHE

Point.

Suffit. Rentrez tous deux.

ALAIN

Vous n'avez rien qu'à dire.

ARNOLPHE

Non, vous dis-je; rentrez, puisque je le desire.
Je vous laisse l'argent. Allez; je vous rejoins.
Ayez bien l'œil à tout, et secondez mes soins.

SCÈNE V

ARNOLPHE

Je veux, pour espion qui soit d'exacte veue,
Prendre le Savetier du coin de nostre rue.
Dans la maison tousjours je prétends la tenir,
Y faire bonne garde, et sur tout en bannir
Vendeuses de ruban, Perruquières, Coiffeuses,
Faiseuses de mouchoirs, Gantières, Revendeuses,
Tous ces gens qui sous main travaillent chaque jour
A faire réussir les mystères d'amour.
Enfin j'ay veu le monde, et j'en sçay les finesses.
Il faudra que mon homme ait de grandes adresses,
Si Message ou Poulet de sa part peut entrer.

SCÈNE VI

HORACE, ARNOLPHE

HORACE

La place m'est heureuse à vous y rencontrer.
Je viens de l'eschapper [bien] belle, je vous jure.
Au sortir d'avec vous, sans prévoir l'avanture,
Seule dans son balcon j'ay veu paroistre Agnès,
Qui des arbres prochains prenoit un peu le frais.
Après m'avoir fait signe, elle a sçeu faire en sorte,
Descendant au jardin, de m'en ouvrir la porte ;
Mais à peine tous deux dans sa chambre estions-nous
Qu'elle a, sur les degrez, entendu son jaloux,
Et tout ce qu'elle a pû, dans un tel accessoire,
C'est de me renfermer dans une grande armoire.
Il est entré d'abord. Je ne le voyois pas,
Mais je l'oyois marcher, sans rien dire, à grands pas,
Poussant de temps en temps des soupirs pitoyables,
Et donnant quelquefois de grands coups sur les tables,
Frapant un petit chien qui pour luy s'émouvoit,
Et jettant brusquement les hardes qu'il trouvoit.
Il a mesme cassé, d'une main mutinée,
Des vases, dont la Belle ornoit sa cheminée,
Et sans doute il faut bien qu'à ce becque cornu

Du trait qu'elle a joué quelque jour soit venu.
Enfin, après cent tours, ayant de la manière,
Sur ce qui n'en peut mais, déchargé sa colère,
Mon jaloux inquiet, sans dire son ennuy,　　,
Est sorti de la chambre, et moy de mon estuy.
Nous n'avons point voulu, de peur du personnage,
Risquer à nous tenir ensemble davantage;
C'estoit trop hazarder, mais je dois, cette nuit,
Dans sa chambre un peu tard m'introduire sans bruit.
En toussant par trois fois je me feray connoistre,
Et je dois au signal voir ouvrir la fenestre,
Dont, avec une échelle, et secondé d'Agnès,
Mon amour taschera de me gagner l'accès.
Comme à mon seul amy je veux bien vous l'apprendre.
L'allégresse du cœur s'augmente à la répandre,
Et, goustast-on cent fois un bon-heur tout parfait,
On n'en est pas content, si quelqu'un ne le sçait.
Vous prendrez part, je pense, à l'heur de mes affaires.
Adieu. Je vais songer aux choses nécessaires.

SCÈNE VII

ARNOLPHE

Quoy, l'Astre qui s'obstine à me désespérer
Ne me donnera pas le temps de respirer!

VIII.　　　　　　　　　　　　12

Coup sur coup je verray, par leur intelligence,
De mes soins vigilans confondre la prudence,
Et je seray la dupe, en ma maturité,
D'une jeune innocente, et d'un jeune éventé !
En sage Philosophe on m'a veu, vingt années,
Contempler des Maris les tristes destinées,
Et m'instruire avec soins de tous les accidens
Qui font dans le mal-heur tomber les plus prudens ;
Des disgrâces d'autruy profitant dans mon âme,
J'ay cherché les moyens, voulant prendre une femme,
De pouvoir garantir mon front de tous affronts
Et le tirer du pair d'avec les autres fronts ;
Pour ce noble dessein j'ay creu mettre en pratique
Tout ce que peut trouver l'humaine Politique,
Et, comme si du Sort il estoit arresté
Que nul homme icy bas n'en seroit exempté,
Après l'expérience et toutes les lumières
Que j'ay pu m'acquérir sur de telles matières,
Après vingt ans, et plus, de méditation
Pour me conduire en tout avec précaution,
De tant d'autres Maris j'aurois quitté la trace,
Pour me trouver après dans la mesme disgrâce !
Ah ! bourreau de Destin, vous en aurez menty.
De l'objet qu'on poursuit je suis encor nanty ;
Si son cœur m'est volé par ce blondin funeste,
J'empescheray du moins qu'on s'empare du reste ;

Et cette nuit, qu'on prend pour ce galand exploit,
Ne se passera pas si doucement qu'on croit.
Ce m'est quelque plaisir, parmy tant de tristesse,
Que l'on me donne avis du piège qu'on me dresse
Et que cet estourdy, qui veut m'estre fatal,
Fasse son Confident de son propre Rival.

SCÈNE VIII

CHRISALDE, ARNOLPHE

CHRISALDE

Et bien, souperons-nous avant la promenade ?

ARNOLPHE

Non. Je jeusne ce soir.

CHRISALDE

D'où vient cette boutade ?

ARNOLPHE

De grâce, excusez-moi; j'ay quelqu'autre embarras.

CHRISALDE

Vostre hymen résolu ne se fera-t'il pas ?

ARNOLPHE

C'est trop s'inquiéter des affaires des autres.

CHRISALDE

Oh, oh, si brusquement! Quels chagrins sont les vostres?
Seroit-il point, compère, à vostre passion
Arrivé quelque peu de tribulation ?
Je le jurerois presque, à voir vostre visage.

ARNOLPHE

Quoy qu'il m'arrive, au moins auray-je l'avantage
De ne pas ressembler à de certaines gens
Qui souffrent doucement l'approche des galans.

CHRISALDE

C'est un estrange fait qu'avec tant de lumières,
Vous vous effarouchiez tousjours sur ces matières,
Qu'en cela vous mettiez le souverain bon-heur,
Et ne conceviez point au monde d'autre honneur.
Estre avare, brutal, fourbe, meschant et lasche,
N'est rien, à vostre avis, auprès de cette tache,
Et, de quelque façon qu'on puisse avoir vescu,
On est homme d'honneur quand on n'est point cocu.
A le bien prendre, au fond, pourquoy voulez-vous croire
Que de ce cas fortuit dépende nostre gloire,
Et qu'une âme bien née ait à se reprocher
L'injustice d'un mal qu'on ne peut empescher ?
Pourquoy voulez-vous, dis-je, en prenant une femme,
Qu'on soit digne à son choix de louange ou de blasme,
Et qu'on s'aille former un monstre plein d'effroy

De l'affront que nous fait son manquement de foy ?
Mettez-vous dans l'esprit qu'on peut du Cocuage
Se faire, en galand homme, une plus douce image ;
Que, des coups du Hazard aucun n'estant garant,
Cet accident de soy doit être indifférend.
Et qu'enfin tout le mal, quoy que le monde glose,
N'est que dans la façon de recevoir la chose,
Et, pour se bien conduire en ces difficultez,
Il y faut, comme en tout, fuir les extrémitez,
N'imiter pas ces gens, un peu trop débonnaires,
Qui tirent vanité de ces sortes d'affaires,
De leurs Femmes tousjours vont citant les Galans,
En font par tout l'éloge, et prosnent leurs talens,
Témoignent avec eux d'estroites simpathies,
Sont de tous leurs cadeaux, de toutes leurs parties,
Et font qu'avec raison les gens sont estonnez
De voir leur hardiesse à montrer là leur nez.
Ce procédé, sans doute, est tout à fait blâmable ;
Mais l'autre extrémité n'est pas moins condamnable.
Si je n'approuve pas ces amis des Galans,
Je ne suis pas aussi pour ces gens turbulens
Dont l'imprudent chagrin, qui tempeste et qui gronde,
Attire, au bruit qu'il fait, les yeux de tout le monde,
Et qui, par cet éclat, semblent ne pas vouloir
Qu'aucun puisse ignorer ce qu'ils peuvent avoir.
Entre ces deux partis, il en est un honneste,

Où, dans l'occasion, l'homme prudent s'arreste,
Et, quand on le sçait prendre, on n'a point à rougir
Du pis dont une femme avec nous puisse agir.
Quoy qu'on en puisse dire enfin, le Cocuage
Sous des traits moins affreux aisément s'envisage;
Et, comme je vous dis, toute l'habilité
Ne va qu'à le sçavoir tourner du bon costé.

ARNOLPHE

Après ce beau discours, toute la Confrairie
Doit un remercîment à vostre Seigneurie,
Et quiconque voudra vous entendre parler
Montrera de la joye à s'y voir enroller.

CHRISALDE

Je ne dis pas cela, car c'est ce que je blasme,
Mais, comme c'est le Sort qui nous donne une femme,
Je dis que l'on doit faire ainsi qu'au jeu de dez,
Où, s'il ne vous vient pas ce que vous demandez,
Il faut jouer d'adresse et, d'une âme réduite,
Corriger le hazard par la bonne conduite.

ARNOLPHE

C'est à dire dormir, et manger tousjours bien,
Et se persuader que tout cela n'est rien !

CHRISALDE

Vous pensez vous mocquer, mais, à ne vous rien feindre,

Dans le monde je voy cent choses plus à craindre,
Et dont je me ferois un bien plus grand mal-heur
Que de cet accident, qui vous fait tant de peur.
Pensez-vous qu'à choisir de deux choses prescrites,
Je n'aimasse pas mieux estre ce que vous dites,
Que de me voir mary de ces femmes de bien,
Dont la mauvaise humeur fait un procez sur rien ;
Ces dragons de vertu, ces honnestes diablesses,
Se retranchant tousjours sur leurs sages prouesses,
Qui, pour un petit tort qu'elles ne nous font pas,.
Prennent droit de traiter les gens de haut en bas,
Et veulent, sur le pied de nous estre fidelles,
Que nous soyons tenus à tout endurer d'elles ?
Encor un coup, Compère, apprenez qu'en effect
Le Cocuage n'est que ce que l'on le fait.
Qu'on peut le souhaitter pour de certaines causes,
Et qu'il a ses plaisirs comme les autres choses.

ARNOLPHE

Si vous estes d'humeur à vous en contenter,
Quant à moy, ce n'est pas la mienne d'en tâter.
Et, plutost que subir une telle avanture...

CHRISALDE

Mon Dieu, ne jurez point, de peur d'estre parjure.
Si le Sort l'a réglé, vos soins sont superflus,
Et l'on ne prendra pas vostre avis là dessus.

ARNOLPHE

Moy ! Je serois cocu ?

CHRISALDE

Vous·voilà bien malade !
Mille gens le sont bien, sans vous faire bravade,
Qui de mine, de cœur, de biens, et de Maison,
Ne feroient avec vous nulle comparaison.

ARNOLPHE

Et moy, je n'en voudrois avec eux faire aucune.
Mais cette raillerie, en un mot, m'importune ;
Brisons là, s'il vous plaist.

CHRISALDE

Vous estes en courroux !
Nous en sçaurons la cause. Adieu. Souvenez-vous,
Quoy que sur ce sujet vostre honneur vous inspire,
Que c'est estre à demy ce que l'on vient de dire,
Que de vouloir jurer qu'on ne le sera pas.

ARNOLPHE

Moy, je le jure encore, et je vais de ce pas
Contre cet accident trouver un bon remède.

SCÈNE IX

ALAIN, GEORGETTE, ARNOLPHE

ARNOLPHE

Mes amis, c'est icy que j'implore vostre aide.
Je suis édifié de vostre affection,
Mais il faut qu'elle éclate en cette occasion;
Et, si vous m'y servez selon ma confiance,
Vous estes asseurez de vostre récompense.
L'homme que vous sçavez — n'en faites point de bruit —
Veut, comme je l'ay sçeu, m'attraper cette nuit,
Dans la chambre d'Agnès entrer par escalade;
Mais il luy faut, nous trois, dresser une embuscade.
Je veux que vous preniez chacun un bon baston,
Et, quand il sera près du dernier eschelon
— Car dans le temps qu'il faut j'ouvriray la fenestre —
Que tous deux à l'envy vous me chargiez ce traître,
Mais d'un air dont son dos garde le souvenir
Et qui luy puisse apprendre à n'y plus revenir;
Sans me nommer pourtant en aucune manière,
Ny faire aucun semblant que je seray derrière.
Auriez-vous bien l'esprit de servir mon courroux?

ALAIN

S'il ne tient qu'à frapper, Monsieur, tout est à nous;
Vous verrez, quand je bas, si j'y vais de main morte.

VIII.   13

GEORGETTE

La mienne, quoy qu'aux yeux elle semble moins forte,
N'en quitte pas sa part à le bien estriller.

ARNOLPHE

Rentrez donc, et sur tout gardez de babiller.
— Voilà pour le prochain une leçon utile,
Et, si tous les Maris qui sont en cette Ville
De leurs Femmes ainsi recevoient le Galand,
Le nombre des Cocus ne seroit pas si grand.

ACTE V

SCÈNE PREMIÈRE

ALAIN, GEORGETTE, ARNOLPHE

ARNOLPHE

RAISTRES ! qu'avez-vous fait
par cette violence ?

ALAIN

Nous vous avons rendu,
Monsieur, obéissance.

ARNOLPHE

De cette excuse en vain vous
voulez vous armer.
L'ordre estoit de le battre, et non de l'assommer,

Et c'estoit sur le dos, et non pas sur la teste,
Que j'avois commandé qu'on fist choir la tempeste.
Ciel, dans quel accident me jette icy le Sort,
Et que puis-je résoudre, à voir cet homme mort?
Rentrez dans la maison, et gardez de rien dire
De cet ordre innocent que j'ay pu vous prescrire.
— Le jour s'en va paroistre, et je vais consulter
Comment dans ce malheur je me dois comporter.
Hélas, que deviendray-je? Et que dira le Père,
Lors qu'inopinément il sçaura cette affaire?

SCÈNE II

HORACE, ARNOLPHE

HORACE

Il faut que j'aille un peu reconnoistre qui c'est.

ARNOLPHE

Eust-on jamais préveu... Qui va là, s'il vous plaist?

HORACE

C'est vous, Seigneur Arnolphe?

ARNOLPHE

Ouy. Mais vous...

HORACE

C'est Horace.

Je m'en allois, chez vous, vous prier d'une grâce.
Vous sortez bien matin!

ARNOLPHE, *bas*

Quelle confusion!

Est-ce un enchantement? Est-ce une illusion?

HORACE

J'estois, à dire vray, dans une grande peine,
Et je bénis du Ciel la bonté souveraine
Qui fait qu'à poinct nommé je vous rencontre ainsi.
Je viens vous avertir que tout a réussi,
Et mesme beaucoup plus que je n'eusse osé dire,
Et par un incident qui devoit tout destruire.
Je ne sçay point par où l'on a pu soupçonner
Cette assignation qu'on m'avoit sçeu donner;
Mais, estant sur le poinct d'atteindre à la fenestre,
J'ay, contre mon espoir, veu quelques gens paroistre,
Qui, sur moy brusquement levant chacun le bras,
M'ont fait manquer le pied et tomber jusqu'en bas;
Et ma cheute, aux despens de quelque meurtrisseure,
De vingt coups de baston m'a sauvé l'avanture.
Ces gens là, dont estoit, je pense, mon jaloux,
Ont imputé ma cheute à l'effort de leurs coups;
Et, comme la douleur, un assez long espace,

M'a fait, sans remuer, demeurer sur la place,
Ils ont cru tout de bon qu'ils m'avoient assommé,
Et chacun d'eux s'en est aussi-tost alarmé.
J'entendois tout leur bruit dans le profond silence;
L'un l'autre ils s'accusoient de cette violence,
Et, sans lumière aucune, en querellant le Sort,
Sont venus doucement taster si j'estois mort.
Je vous laisse à penser si, dans la nuit obscure,
J'ay d'un vray trépassé sçeu tenir la figure.
Ils se sont retirez avec beaucoup d'effroy,
Et, comme je songeois à me retirer, moy,
De cette feinte mort la jeune Agnès esmeue,
Avec empressement est devers moy venue,
Car les discours qu'entr'eux ces gens avoient tenus
Jusques à son oreille estoient d'abord venus,
Et, pendant tout ce trouble estant moins observée,
Du logis aysément elle s'estoit sauvée.
Mais, me trouvant sans mal, elle a fait éclater
Un transport, difficile à bien représenter.
Que vous diray-je? Enfin cette aymable personne
A suivy les conseils que son amour luy donne,
N'a plus voulu songer à retourner chez soy,
Et de tout son destin s'est commise à ma foy.
Considérez un peu, par ce trait d'innocence,
Où l'expose d'un fou la haute impertinence,
Et quels fascheux périls elle pourroit courir

Si j'estois maintenant homme à la moins chérir.
Mais d'un trop pur amour mon âme est embrazée;
J'aimerois mieux mourir que l'avoir abusée;
Je luy vois des appas dignes d'un autre sort,
Et rien ne m'en sçauroit séparer que la mort.
Je prévoy là-dessus l'emportement d'un Père,
Mais nous prendrons le temps d'apaiser sa colère;
A des charmes si doux je me laisse emporter,
Et dans la vie, enfin, il se faut contenter.
Ce que je veux de vous, sous un secret fidelle,
C'est que je puisse mettre en vos mains cette Belle;
Que dans vostre maison, en faveur de mes feux,
Vous luy donniez retraite, au moins un jour ou deux.
Outre qu'aux yeux du monde il faut cacher sa fuite
Et qu'on en pourra faire une exacte poursuite,
Vous sçavez qu'une Fille, aussi, de sa façon
Donne avec un jeune homme un estrange soupçon,
Et, comme c'est à vous, seur de vostre prudence,
Que j'ay fait de mes feux entière confidence,
C'est à vous seul aussi, comme amy généreux,
Que je puis confier ce dépost amoureux.

ARNOLPHE

Je suis, n'en doutez point, tout à vostre service.

HORACE

Vous voulez bien me rendre un si charmant office?

ARNOLPHE

Très-volontiers, vous dis-je, et je me sens ravir
De cette occasion que j'ay de vous servir;
Je rends grâces au Ciel de ce qu'il me l'envoye,
Et n'ay jamais rien fait avec si grande joye.

HORACE

Que je suis redevable à toutes vos bontez!
J'avois de vostre part craint des difficultez,
Mais vous estes du monde, et, dans vostre sagesse,
Vous sçavez excuser le feu de la jeunesse.
Un de mes Gens la garde au coin de ce détour.

ARNOLPHE

Mais comment ferons-nous, car il fait un peu jour.
Si je la prens icy, l'on me verra peut-estre,
Et, s'il faut que chez moy vous veniez à paroistre,
Des Valets causeront. Pour jouer au plus sûr,
Il faut me l'amener dans un lieu plus obscur.
Mon allée est commode, et je l'y vais attendre.

HORACE

Ce sont précautions qu'il est fort bon de prendre.
Pour moy, je ne feray que vous la mettre en main,
Et chez moy, sans éclat, je retourne soudain.

ARNOLPHE

Ah, Fortune, ce trait d'avanture propice
Répare tous les maux que m'a faits ton caprice!

SCÈNE III

AGNÈS, HORACE, ARNOLPHE

HORACE

Ne soyez point en peine où je vais vous mener;
C'est un logement seur que je vous fais donner.
Vous loger avec moy, ce seroit tout destruire;
Entrez dans cette porte, et laissez-vous conduire.

Arnolphe luy prend la main sans qu'elle le connoisse.

AGNÈS

Pourquoy me quittez-vous ?

HORACE

Chère Agnès, il le faut.

AGNÈS

Songez donc, je vous prie, à revenir bien-tost.

HORACE

J'en suis assez pressé par ma flâme amoureuse.

AGNÈS

Quand je ne vous vois point, je ne suis point joyeuse.

HORACE

Hors de vostre présence, on me voit triste aussi.

VIII.   14

AGNÈS

Hélas, s'il estoit vray, vous resteriez icy.

HORACE

Quoy! Vous pourriez douter de mon amour extrême !

AGNÈS

Non, vous ne m'aymez pas autant que je vous aime.

Arnolphe la tire.

Ah! L'on me tire trop.

HORACE

C'est qu'il est dangereux,
Chère Agnès, qu'en ce lieu nous soyons veus tous deux,
Et le parfait amy, de qui la main vous presse,
Suit le zèle prudent qui pour nous l'intéresse.

AGNÈS

Mais suivre un inconnu, que...

HORACE

N'apréhendez rien;
Entre de telles mains vous ne serez que bien.

AGNÈS

Je me trouverois mieux entre celles d'Horace,
Et j'aurois...

AGNÈS, *à Arnolphe qui la tire encore :*

Attendez.

HORACE

Adieu, le jour me chasse.

AGNÈS

Quand vous verray-je donc?

HORACE

Bien-tost, asseurément.

AGNÈS

Que je vais m'ennuyer jusques à ce moment!

HORACE

Grâce au Ciel, mon bonheur n'est plus en concurrence,
Et je puis maintenant dormir en asseurance.

SCÈNE IV

ARNOLPHE, AGNÈS

ARNOLPHE, *le nés dans son manteau :*

Venez; ce n'est pas là que je vous logeray,
Et vostre giste ailleurs est par moy préparé.
Je prétends en lieu seur mettre vostre personne.
— Me connoissez-vous?

AGNÈS, *le reconnoissant :*

Hay!

ARNOLPHE

Mon visage, friponne,
Dans cette occasion rend vos sens effrayez,
Et c'est à contre-cœur qu'icy vous me voyez;
Je trouble en ses projets l'amour qui vous possède.

Agnès regarde si elle ne verra point Horace.

N'appellez point des yeux le Galand à vostre ayde;
Il est trop éloigné pour vous donner secours.
Ah, ah! Si jeune encor, vous jouez de ces tours!
Vostre simplicité, qui semble sans pareille,
Demande si l'on fait les enfans par l'oreille,
Et vous sçavez donner des rendez-vous la nuit,
Et pour suivre un Galand vous évader sans bruit!
Tu-dieu, comme avec luy vostre langue cajole!
Il faut qu'on vous ait mise à quelque bonne école!
Qui diantre tout d'un coup vous en a tant appris?
Vous ne craignez donc plus de trouver des Esprits,
Et ce Galand, la nuit, vous a donc enhardie?
Ah, coquine, en venir à cette perfidie!
Malgré tous mes bien-faits former un tel dessein,
Petit serpent que j'ay reschauffé dans mon sein,
Et qui, dès qu'il se sent, par une humeur ingrate
Cherche à faire du mal à celuy qui le flate!

AGNÈS

Pourquoy me criez-vous?

ARNOLPHE

J'ay grand tort en effet!

AGNÈS

Je n'entends point de mal dans tout ce que j'ay fait.

ARNOLPHE

Suivre un Galand n'est pas une action infâme?

AGNÈS

C'est un homme qui dit qu'il me veut pour sa Femme;
J'ai suivy vos leçons, et vous m'avez presché
Qu'il se faut marier pour oster le péché.

ARNOLPHE

Ouy. Mais pour Femme, moy, je prétendois vous prendre,
Et je vous l'avois fait, me semble, assez entendre.

AGNÈS

Ouy. Mais, à vous parler franchement entre nous,
Il est plus pour cela selon mon goust, que vous.
Chez vous le Mariage est fascheux et pénible,
Et vos discours en font une image terrible;
Mais, las! il le fait, luy, si remply de plaisirs
Que de se marier il donne des desirs.

ARNOLPHE

Ah, c'est que vous l'aymez, traistresse!

AGNÈS

Ouy, je l'ayme!

ARNOLPHE

Et vous avez le front de le dire à moy-mesme!

AGNÈS

Et pourquoy, s'il est vray, ne le dirois-je pas?

ARNOLPHE

Le deviez-vous aimer? Impertinante?

AGNÈS

Hélas!
Est-ce que j'en puis mais? Luy seul en est la cause,
Et je n'y songeois pas lorsque se fit la chose.

ARNOLPHE

Mais il falloit chasser cet amoureux desir.

AGNÈS

Le moyen de chasser ce qui fait du plaisir?

ARNOLPHE

Et ne sçavez-vous pas que c'estoit me déplaire?

AGNÈS

Moy? Point du tout. Quel mal cela peut-il vous faire?

ARNOLPHE

Il est vray, j'ay sujet d'en estre réjouy!

Vous ne m'aymez donc pas, à ce conte?

AGNÈS

Vous?

ARNOLPHE

Ouy.

AGNÈS

Hélas, non.

ARNOLPHE

Comment, non!

AGNÈS

Voulez-vous que je mente?

ARNOLPHE

Pourquoy ne m'aymer pas, Madame l'impudente?

AGNÈS

Mon Dieu, ce n'est pas moy que vous devez blasmer;
Que ne vous estes-vous, comme luy, fait aymer!
Je ne vous en ay pas empesché, que je pense.

ARNOLPHE

Je m'y suis efforcé de toute ma puissance,
Mais les soins que j'ay pris, je les ay perdus tous.

AGNÈS

Vrayment. Il en sçait donc là-dessus plus que vous,
Car à se faire aimer il n'a point eu de peine.

ARNOLPHE

Voyez comme raisonne et répond la vilaine!

Peste! Une Précieuse en diroit-elle plus?
Ah! je l'ay mal connue, ou, ma foy, là-dessus
Une sotte en sçait plus que le plus habile homme.
— Puis qu'en raisonnement vostre esprit se consomme,
La belle raisonneuse, est-ce qu'un si long temps
Je vous auray pour luy nourrie à mes despens?

AGNÈS

Non. Il vous rendra tout jusques au dernier double.

ARNOLPHE

Elle a de certains mots où mon dépit redouble.
— Me rendra-t-il, coquine, avec tout son pouvoir,
Les obligations que vous pouvez m'avoir?

AGNÈS

Je ne vous en ay pas de si grandes qu'on pense.

ARNOLPHE

N'est-ce rien que les soins d'élever vostre enfance?

AGNÈS

Vous avez là dedans bien opéré vrayment,
Et m'avez fait en tout instruire joliment!
Croit-on que je me flatte, et qu'enfin, dans ma teste,
Je ne juge pas bien que je suis une beste?
Moy-mesme j'en ay honte, et, dans l'âge où je suis,
Je ne veux plus passer pour sotte, si je puis.

ARNOLPHE

Vous fuyez l'ignorance, et voulez, quoy qu'il coûte,
Apprendre du blondin quelque chose?

AGNÈS

Sans doute.

C'est de luy que je sçay ce que je puis sçavoir,
Et beaucoup plus qu'à vous je pense luy devoir

ARNOLPHE

Je ne sçay qui me tient qu'avec une gourmade
Ma main de ce discours ne vange la bravade.
J'enrage, quand je voy sa piquante froideur,
Et quelques coups de poing satisferoient mon cœur.

AGNÈS

Hélas, vous le pouvez, si cela vous peut plaire.

ARNOLPHE

Ce mot, et ce regard désarme ma colère,
Et produit un retour de tendresse de cœur,
Qui de son action m'efface la noirceur.
Chose estrange d'aimer, et que pour ces traistresses
Les hommes soient sujets à de telles foiblesses!
Tout le monde connoist leur imperfection;
Ce n'est qu'extravagance et qu'indiscrétion;
Leur esprit est meschant, et leur âme fragile;
Il n'est rien de plus foible et de plus imbécile,

VIII.   15

Rien de plus infidèle, et, malgré tout cela,
Dans le monde on fait tout pour ces animaux-là.
— Hé bien, faisons la paix. Va, petite traistresse,
Je te pardonne tout, et te rens ma tendresse;
Considère par là l'amour que j'ay pour toy,
Et, me voyant si bon, en revanche ayme-moy.

AGNÈS

Du meilleur de mon cœur je voudrois vous complaire.
Que me coûteroit-il, si je le pouvois faire?

ARNOLPHE

Mon pauvre petit bec, tu le peux, si tu veux.

Il fait un soupir.

Escoute seulement ce soupir amoureux;
Voy ce regard mourant, contemple ma personne,
Et quitte ce morveux, et l'amour qu'il te donne.
C'est quelque sort qu'il faut qu'il ait jetté sur toy,
Et tu seras cent fois plus heureuse avec moy.
Ta forte passion est d'estre brave et leste;
Tu le seras toujours, va, je te le proteste.
Sans cesse, nuit et jour, je te caresseray,
Je te bouchonneray, baiseray, mangeray;
Tout comme tu voudras tu pourras te conduire;
Je ne m'explique point, et cela c'est tout dire.

A part :

Jusqu'où la passion peut-elle faire aller!

— Enfin, à mon amour rien ne peut s'égaler.
Quelle preuve veux-tu que je t'en donne, ingratte ?
Me veux-tu voir pleurer ? Veux-tu que je me batte ?
Veux-tu que je m'arrache un costé de cheveux ?
Veux-tu que je me tue ? Ouy, dy si tu le veux ;
Je suis tout prest, cruelle, à te prouver ma flâme.

AGNÈS

Tenez, tous vos discours ne me touchent point l'âme ;
Horace avec deux mots en feroit plus que vous.

ARNOLPHE

Ah, c'est trop me braver, trop pousser mon courroux.
Je suivray mon dessein, beste trop indocile,
Et vous desnicherez à l'instant de la Ville.
Vous rebutez mes vœux, et me mettez à bout,
Mais un cul de Convent me vangera de tout.

SCÈNE V

ALAIN, ARNOLPHE

ALAIN

Je ne sçay ce que c'est, Monsieur, mais il me semble
Qu'Agnès et le corps mort s'en sont allez ensemble.

ARNOLPHE

La voicy. Dans ma chambre allez me la nicher.

— Ce ne sera pas là qu'il la viendra chercher,
Et puis, c'est seulement pour une demie-heure ;
Je vais, pour luy donner une seure demeure,
Trouver une voiture. — Enfermez-vous des mieux,
Et sur tout gardez-vous de la quitter des yeux.
— Peut-estre que son âme, estant dépaysée,
Pourra de cet amour estre désabusée.

SCÈNE VI

HORACE, ARNOLPHE

HORACE

Ah, je viens vous trouver, accablé de douleur.
Le Ciel, Seigneur Arnolphe, a conclu mon mal-heur,
Et, par un trait fatal d'une injustice extrème,
On me veut arracher de la beauté que j'ayme.
Pour arriver icy, Mon Père a pris le frais ;
J'ay trouvé qu'il mettoit pied à terre icy près,
Et la cause, en un mot, d'une telle venue,
Qui, comme je disois, ne m'estoit pas connue,
C'est qu'il m'a marié, sans m'en écrire rien,
Et qu'il vient en ces lieux célébrer ce lien.
Jugez, en prenant part à mon inquiétude,
S'il pouvoit m'arriver un contre-temps plus rude.

Cet Enrique, dont hier je m'informois à vous,
Cause tout le malheur dont je ressens les coups ;
Il vient, avec mon Père, achever ma ruine,
Et c'est sa Fille unique à qui l'on me destine.
J'ay, dès les premiers mots, pensé m'évanouir,
Et d'abord, sans vouloir plus long-temps les ouïr,
Mon Père ayant parlé de vous rendre visite,
L'esprit plein de frayeur, je l'ay devancé viste.
De grâce, gardez-vous de luy rien découvrir
De mon engagement, qui le pourroit aigrir,
Et taschez, comme en vous il prend grande créance,
De le dissuader de cette autre alliance.

ARNOLPHE

Ouy dà.

HORACE

Conseillez-luy de différer un peu,
Et rendez, en amy, ce service à mon feu.

ARNOLPHE

Je n'y manqueray pas.

HORACE

C'est en vous que j'espère...

ARNOLPHE

Fort bien.

HORACE

Et je vous tiens mon véritable père.

Dites-luy que mon âge... Ha! je le voy venir.
Escoutez les raisons que je vous puis fournir.

Ils demeurent en un coin du Théâtre.

SCÈNE VII

ENRIQUE, ORONTE, CHRISALDE, HORACE, ARNOLPHE

ENRIQUE, *à Chrisalde* :

Aussi-tost qu'à mes yeux je vous ay veu paroistre,
Quand on ne m'eût rien dit, j'aurois sçeu vous connoistre.
Je vous vois tous les traits de cette aymable sœur
Dont l'hymen autrefois m'avoit fait possesseur,
Et je serois heureux si la Parque cruelle
M'eust laissé ramener cette Épouse fidelle,
Pour jouir avec moy des sensibles douceurs
De revoir tous les siens après nos longs malheurs.
Mais, puisque du Destin la fatale puissance
Nous prive pour jamais de sa chère présence,
Taschons de nous résoudre et de nous contenter
Du seul fruict amoureux qui m'en est pû rester.
Il vous touche de près, et sans vostre suffrage,
J'aurois tort de vouloir disposer de ce gage.
Le choix du fils d'Oronte est glorieux de soy,
Mais il faut que ce choix vous plaise comme à moy.

CHRISALDE

C'est de mon jugement avoir mauvaise estime
Que douter si j'approuve un choix si légitime.

ARNOLPHE, *à Horace :*

Ouy, je vais vous servir de la bonne façon.

HORACE

Gardez, encor un coup...

ARNOLPHE

N'ayez aucun soupçon.

ORONTE, *à Arnolphe :*

Ah, que cette embrassade est pleine de tendresse !

ARNOLPHE

Que je sens à vous voir une grande allégresse !

ORONTE

Je suis icy venu...

ARNOLPHE

Sans m'en faire récit,
Je sçay ce qui vous meine.

ORONTE

On vous l'a desjà dit ?

ARNOLPHE

Ouy.

ORONTE

Tant mieux.

ARNOLPHE

Vostre fils à cet hymen résiste,
Et son cœur prévenu n'y voit rien que de triste,
Il m'a mesme prié de vous en détourner ;
Et moy, tout le conseil que je vous puis donner,
C'est de ne pas souffrir que ce nœud se diffère
Et de faire valoir l'authorité de Père.
Il faut avec vigueur ranger les jeunes gens,
Et nous faisons contr'eux à leur estre indulgens.

HORACE

Ah, traistre !

CHRISALDE

Si son cœur a quelque répugnance,
Je tiens qu'on ne doit pas luy faire violence.
Mon frère, que je croy, sera de mon advis.

ARNOLPHE

Quoy ? Se laissera-t'il gouverner par son fils ?
Est-ce que vous voulez qu'un Père ait la molesse
De ne sçavoir pas faire obéir la jeunesse ?
Il seroit beau, vrayment, qu'on le vist aujourd'huy
Prendre loy de qui doit la recevoir de luy !
Non, non, c'est mon intime, et sa gloire est la mienne ;
Sa parole est donnée ; il faut qu'il la maintienne,
Qu'il fasse voir icy de fermes sentimens,
Et force de son fils tous les attachemens.

ORONTE

C'est parler comme il faut, et, dans cette alliance,
C'est moy qui vous répons de son obéissance.

CHRISALDE, *à Arnolphe :*

Je suis surpris, pour moy, du grand empressement
Que vous me faites voir pour cet engagement,
Et ne puis deviner quel motif vous inspire...

ARNOLPHE

Je sçay ce que je fais, et dis ce qu'il faut dire.

ORONTE

Ouy, ouy, Seigneur Arnolphe, il est...

CHRISALDE

                    Ce nom l'aigrit.
C'est Monsieur De La Souche ; on vous l'a desjà dit.

ARNOLPHE

Il n'importe.

HORACE

    Qu'entens-je ?

ARNOLPHE, *se tournant vers Horace :*

               Ouy, c'est là le mystère,
Et vous pouvez juger ce que je devois faire.

HORACE

En quel trouble...

VIII.   16

SCÈNE VIII

GEORGETTE, ENRIQUE, ORONTE, CHRISALDE, HORACE, ARNOLPHE

GEORGETTE

Monsieur, si vous n'estes auprès,
Nous aurons de la peine à retenir Agnès ;
Elle veut à tous coups s'échaper, et peut-estre
Qu'elle se pourroit bien jetter par la fenestre.

ARNOLPHE

Faites-la moy venir. Aussi bien de ce pas
Prétens-je l'emmener. Ne vous en faschez pas.
Un bonheur continu rendroit l'homme superbe,
Et chacun a son tour, comme dit le Proverbe.

HORACE

Quels maux peuvent, ô Ciel, égaler mes ennuis,
Et s'est-t-on jamais veu dans l'abysme où je suis !

ARNOLPHE, *à Oronte :*

Pressez viste le jour de la Cérémonie ;
J'y prens part, et desjà moy-mesme je m'en prie.

ORONTE

C'est bien nostre dessein.

SCÈNE IX

AGNÈS, ALAIN, GEORGETTE, ORONTE,
ENRIQUE, ARNOLPHE, HORACE, CHRISALDE

ARNOLPHE

Venez, Belle, venez,
Qu'on ne sçauroit tenir, et qui vous mutinez ;
Voicy vostre Galand, à qui, pour récompence,
Vous pouvez faire une humble et douce révérence.
Adieu. L'événement trompe un peu vos souhaits,
Mais tous les amoureux ne sont pas satisfaits.

AGNÈS

Me laissez-vous, Horace, emmener de la sorte ?

HORACE

Je ne sçais où j'en suis, tant ma douleur est forte.

ARNOLPHE

Allons, causeuse, allons.

AGNÈS

Je veux rester icy.

ORONTE

Dites-nous ce que c'est que ce mystère-cy ;
Nous nous regardons tous, sans le pouvoir comprendre.

ARNOLPHE

Avec plus de loisir je pourray vous l'apprendre.
Jusqu'au revoir.

ORONTE

Où donc prétendez-vous aller ?
Vous ne nous parlez point comme il nous faut parler.

ARNOLPHE

Je vous ay conseillé, malgré tout son murmure,
D'achever l'hyménée.

ORONTE

Ouy. Mais, pour le conclure,
Si l'on vous a dit tout, ne vous a-t-on pas dit
Que vous avez chez vous celle dont il s'agit,
La fille qu'autrefois de l'aimable Angélique,
Sous des liens secrets, eut le Seigneur Enrique ?
Sur quoy votre discours estoit-il donc fondé ?

CHRISALDE

Je m'estonnois aussi de voir son procédé.

ARNOLPHE

Quoy ?

CHRISALDE

D'un hymen secret ma sœur eut une fille,
Dont on cacha le sort à toute la famille,

ORONTE

Et qui, sous de feints noms, pour ne rien découvrir,

Par son espoux, aux champs fut donnée à nourrir.

CHRISALDE

Et, dans ce temps, le Sort, luy déclarant la guerre,
L'obligea de sortir de sa natale terre,

ORONTE

Et d'aller essuyer mille périls divers
Dans ces lieux séparez de nous par tant de mers,

CHRISALDE

Où ses soins ont gagné ce que dans sa patrie
Avoient pu luy ravir l'imposture et l'envie,

ORONTE

Et, de retour en France, il a cherché d'abord
Celle à qui de sa Fille il confia le sort,

CHRISALDE

Et cette Païsanne a dit avec franchise
Qu'en vos mains, à quatre ans, elle l'avoit remise,

ORONTE

Et qu'elle l'avoit fait, sur vostre charité,
Par un accablement d'extrême pauvreté,

CHRISALDE

Et luy, plein de transport et d'allégresse en l'âme,
A fait jusqu'en ces lieux conduire cette femme,

ORONTE

Et vous allez, enfin, la voir venir icy,
Pour rendre aux yeux de tous ce mystère éclaircy.

CHRISALDE

Je devine à peu près quel est vostre supplice,
Mais le Sort en cela ne vous est que propice.
Si n'estre point cocu vous semble un si grand bien,
Ne vous point marier en est le vray moyen.

ARNOLPHE, *s'en allant tout transporté et ne pouvant parler :*

Oh !

ORONTE

D'où vient qu'il s'enfuit, sans rien dire ?

HORACE

       Ah ! mon Père
Vous sçaurez pleinement ce surprenant mystère.
Le hasard en ces lieux avoit exécuté
Ce que vostre sagesse avoit prémédité.
J'estois, par les doux nœuds d'une ardeur mutuelle,
Engagé de parole avecque cette Belle,
Et c'est elle, en un mot, que vous venez chercher,
Et pour qui mon refus a pensé vous fascher.

ENRIQUE

Je n'en ay point douté d'abord que je l'ay veue,

Et mon âme depuis n'a cessé d'estre esmeue.
Ah! ma Fille, je cède à des transports si doux.

CHRISALDE

J'en ferois, de bon cœur, mon Frère, autant que vous,
Mais ces lieux et cela ne s'accommodent guères.
Allons dans la maison débrouiller ces mystères,
Payer à nostre amy ses soins officieux,
Et rendre grâce au Ciel, qui fait tout pour le mieux.

L'ESCOLE DES FEMMES

EXPLICATION DES PLANCHES

NOTICE. — En-tête. Bande ornementale. Dans les rinceaux latéraux, la double flèche de l'amour d'Horace et d'Agnès; au centre, une tête de jeune femme.

— Lettre I. Elle est posée sur deux griffes et accompagnée d'une guirlande et de deux coquilles pleines de fleurs. Sur le milieu de la haste de la lettre, les armes de MADAME, parties d'Orléans et d'Angleterre.

— Cul de lampe. Au centre, un petit cadre en largeur, avec le cadavre étendu d'un petit Amour navré d'une flèche. A droite et à gauche, deux vases, avec des fleurs, posés sur des rinceaux que terminent deux têtes enfantines de Vents ailés.

FAUX-TITRE. — Sur un écusson, suspendu en avant d'un médaillon circulaire emborduré de feuilles de chêne, le titre : *l'Escole des Femmes*. En haut, la date 1663; en bas une peau de lion, deux violons, deux clarinettes, et, sur une pente d'azur, le volume des *Maximes du Mariage*, accostées de deux cornes adossées d'argent. A droite et à gauche du médaillon, en haut d'un rinceau qui part d'une tête barbue, moustachue et encornée, deux petits Satyres, assis sur une sorte de potence terminée en tête de perroquet, tiennent à la main des verges.

GRANDE COMPOSITION. — Devant la porte de sa maison, Arnolphe,

VIII.   17

se levant de la chaise où il était resté assis en faisant lire à Agnès debout
le livre des « Maximes du Mariage », dit à celle-ci :

Vous achèverez seule, et, pas à pas, tantost
Je vous expliqueray ces choses comme il faut (Acte III, Scène II, vers 802-3).

Grand titre. — Le montant de gauche commence par un Satyre à pieds
de chèvre assis sur un rinceau; il soutient sur son nez un porte-bouquet
et, successivement, un écusson, un vase, un panier de fleurs, un cartel avec
les mots *Premières Maximes*, et, sur le plateau de ce cadre, un Amour ailé,
donnant le feu de sa torche à de jeunes Amours qui sont dans la partie
latérale de la bordure du haut. Le montant de droite répète la même
ornementation. Au milieu de chacun d'eux, deux cadres ovales; à gauche,
le portrait d'Arnolphe, tenant les *Maximes du Mariage*; à droite, celui
d'Agnès, en coiffe blanche. Au milieu de la bordure du haut, le rappel de
la Dédicace : A Madame. En bas, la date MDCLXIII. Au milieu du titre,
l'armoirie de Molière en avant d'une cage, dans les coins de laquelle sont
assis deux petits Satyres, soufflant dans des trompettes d'enfants.

Epistre dédicatoire. — En-tête. Au milieu, dans un cadre en hau-
teur, coupé en octogone dans les angles, et surmonté d'une couronne
royale fleurdelysée, accostée de deux lions léopardés — le portrait en buste
de Madame, tourné à gauche. De chaque côté, deux petits Amours ailés
mettent des fleurs dans un vase, porté par une fleur de lys.

— Lettre J. Elle est entourée de rinceaux et se termine par une tête de
femme ailée, avec une coiffe noire. A côté, un jeune Amour, nu et ailé,
tient et présente une feuille de papier avec la Dédicace à Madame.

— Cul de lampe. Les armes de Madame, parties d'Orléans et d'Angleterre, celle-ci écartelée au un et trois de France, au deux et quatre de
gueules à trois lions léopardés d'or, qui sont Angleterre.

Préface. — En-tête. Molière lisant sa Pièce à un homme de Qualité.
A droite et à gauche, deux médaillons, avec les têtes d'Horace et d'Agnès.

— Lettre B. Sur un piédestal, un petit Satyre, à pieds de chèvre, tenant
de chaque main une branche de laurier.

— Cul de lampe. Deux jeunes Amours, nus et ailés, croisent deux branches de laurier au-dessus d'un trépied en flammes.

Cadre des personnages. — La bordure a pour motif des cornes dans un entrelacs de feuillages, terminés en haut par des vases de fleurs; le cartel du centre : Les Personnages, est accompagné de deux têtes de femmes, dont les oreilles se terminent en ailes de papillons.

En bas, trois sujets. Au milieu, un galopin et une fillette lisent, à l'état de placard affiché, les *Maximes du Mariage*, que montre un autre enfant, habillé du costume rayé des Valets de Comédie. A gauche, Arnolphe s'en allant :

Je me suis souvenu d'une petite affaire (Acte III, Scène II, vers 804);

A droite, Arnolphe rentrant dans sa maison et près de frapper à sa porte (Acte II, Scène I).

Acte I. — En tête : *L'Escole des Femmes, Comédie, MDCLXIII.* A droite, Arnolphe frappe à la porte de son autre maison; à gauche, Agnès rentre en lisant les « Maximes du Mariage ».

— Lettre V. Arnolphe frappant à la porte de sa maison pour rentrer;

Adieu. Je frappe icy pour donner le bonjour,
Et dire seulement que je suis de retour,

et son ami Chrysale disant en le quittant :

Ma foi, je le tiens fou de toutes les manières (Scène I, vers 193-5).

— Cul de lampe. Horace montrant à Arnolphe la maison d'Agnès et lui disant qu'il aime :

..... Un jeune objet, qui loge en ce logis,
Dont vous voyez d'icy que les murs sont rougis (Scène IV, vers 317-8).

Au-dessous, pour supporter ce cadre, une ornementation, dans laquelle, au centre, un masque féminin, et, sur des rinceaux, deux petits enfants, jouant, l'un de la flûte et l'autre de la mandoline.

Acte II. — En-tête. Arnolphe disant à Agnès :

.... La promenade est belle (Scène IV, vers 459).

Au fond, à droite, Alain et Georgette sur la porte de la maison. A droite et à gauche, un ornement terminé par deux têtes de femmes, l'une brune et l'autre blonde.

— Lettre I. Arnolphe, entre Alain et Georgette à genoux, et leur disant :

Quiconque remûra, par la mort, je l'assomme (Scène II, vers 399).

— Cul de lampe (Scène v, vers 635-7). Agnès à la fenêtre d'Arnolphe, jetant le grès, accompagné de son billet, au pauvre Horace, qui s'efface le long du mur. Au premier plan, l'Amour, assis sur un tapis, regarde la scène. Au-dessous, dans l'ornement qui porte le cadre, un panier de fleurs, accosté de deux enfants qui caressent des colombes.

ACTE III. — En-tête. Agnès debout devant Arnolphe assis, qui lui dit :

Là, regardez-moi là durant cet entretien (Scène II, vers 677).

A droite et à gauche, un petit Amour tient une branche qui supporte un flambeau avec une bougie de cire.

— Lettre O. Agnès et Arnolphe, disant à Alain :

Un siège au frais icy........ (Scène I, vers 665).

Au fond Georgette. A droite, regardant en l'air, la maman chatte, celle dont le petit chat est mort.

— Cul de lampe. Le jeune Horace montrant à Arnolphe le billet d'Agnès :

Mais il faut qu'en amy je vous montre la Lettre (Scène IV, vers 940).

Au-dessous, le volume ouvert des « Maximes », avec, pour sinet, une tige de rose épineuse, et, des deux côtés, un Amour tenant un flambeau allumé.

ACTE IV. — En-tête. La Scène du Notaire. Arnolphe, se croyant seul, ne parle qu'à sa pensée et se dit :

Comment faire ?...... (Scène II, vers 1041).

Derrière lui, le Notaire, en grande robe, lui dégoise toutes les rubriques de sa science en matière de contrats de mariage. A droite et à gauche, comme coulisses, deux Satyreaux, à pieds de chèvre, tiennent des candélabres à trois lumières. La scène est encadrée par deux pilastres, décorés d'un terme de femme ailée.

— Lettre J. Arnolphe seul, désespéré, et serrant fiévreusement dans ses mains les pans de son manteau, est suivi, sans qu'il s'en doute, par un petit Amour, qui s'amuse à faire les mêmes gestes que lui :

> *J'ay peine, je l'avoue, à demeurer en place,*
> *Et de mille soucis mon esprit s'embarrasse* (Scène I, vers 1008-9).

— Cul de lampe. Arnolphe, entre Alain et Georgette, leur donne de l'argent, comme s'il jouait le rôle d'Horace et pour leur apprendre à tout refuser de lui :

> *Cependant, par avance, Alain, voilà pour boire;*
> *Et voilà pour t'avoir, Georgette, un cotillon* (Scène IV, vers 1117-8).

Comme support ornemental, des deux côtés d'un vase, supporté par une tête de Satyre qui tire la langue, deux demi-figures de femmes, sortant de rinceaux, portent des bras de bougies allumées, auxquelles se brûlent des papillons.

ACTE V. — En-tête. Arnolphe, le nez dans son manteau, entraîne dans sa maison la malheureuse Agnès, qui dit à Horace :

> *Songez donc, je vous prie, à revenir bien-tost* (Scène III, vers 1463).

A droite et à gauche, un petit Amour, terminé en rinceaux, porte un parasol.

— Lettre T. Horace, monté sur le piédestal de la lettre, cherche à atteindre la fenêtre d'Agnès ; à droite et à gauche, Alain et Georgette, armés de bâtons, se préparent à l'assommer. C'est le détail de son récit à Arnolphe :

> *Mais, estant sur le point d'atteindre à la fenestre,*
> *J'ay, contre mon espoir, veu quelques gens paroistre* (Scène II, vers 1380-1).

Cadre avec des flèches.

— Cul de lampe. Arnolphe à genoux devant Agnès et lui disant :

Veux-tu que je m'arrache un costé de cheveux? (Scène IV, vers 1603).

Dans l'ornementation du bas, une répétition, à la façon antique, de la même situation. Un vieux Satyre veut persuader de sa passion une jeune fille, tandis qu'au lieu de lui, elle écoute un petit Amour, plus persuasif, qui lui dit de ne pas le croire.

FIN DE LA TABLE DES ILLUSTRATIONS

MA

Achevé d'imprimer a Évreux

Par Charles Hérissey

Le huit Aout Mil huit cent quatre-vingt-quatre

Pour le compte de Jules Lemonnyer

Éditeur a Paris

A

MOLIERE

1622   1673

A

MOLIERE

1622 1673